QUESTIONS DISPUTÉES SUR LA VÉRITÉ

QUESTION IV : LE VERBE

(DE VERBO)

À LA MÊME LIBRAIRIE

— *L'Etre et l'essence* (*De Ente et essentia*), texte latin, traduction, introduction et notes par C. Capelle, 96 pages.

— *Questions disputées sur la vérité :*

Question IV. *Le Verbe.* Texte, introduction, traduction et notes par B. Jolles, 144 pages.

Question XI. *Le Maître.* Texte, introduction, traduction et notes par B. Jolles, 128 pages.

Question XV. *Raison supérieure et inférieure.* – Question XVI. *La Syndérèse.* – Question XVII. *La conscience.* Texte latin, introduction, traduction et notes par R. P. J. Tonneau, 256 pages.

BIBLIOTHÈQUE DES TEXTES PHILOSOPHIQUES

Fondateur : Henri GOUHIER — Directeur : Jean-François COURTINE

SAINT THOMAS D'AQUIN

QUESTIONS DISPUTÉES SUR LA VÉRITÉ

Question IV

LE VERBE

TEXTE LATIN DE L'ÉDITION LÉONINE

INTRODUCTION, TRADUCTION ET NOTES

PAR

Bernadette JOLLÈS

PARIS

LIBRAIRIE PHILOSOPHIQUE J. VRIN

6, Place de la Sorbonne, V^e

—

1992

Printed in France
ISSN 0249-7972
ISBN 2-7116-1063-2

INTRODUCTION

Le texte du *De verbo*, dont la traduction française est ici présentée, constitue la question IV des *Quaestiones disputatae de veritate* de saint Thomas d'Aquin. On sait que ces *Quaestiones* furent disputées au cours des années 1256-1259, durant lesquelles l'auteur donna son premier enseignement de Maître en Théologie à l'Université de Paris: la *disputatio*, en effet, était liée à l'enseignement régulier d'un maître, elle pouvait être publique *(quaestio disputata ordinaria)* ou privée *(quaestio disputata privata* ou *in scholis)*. Cependant Thomas d'Aquin, enseignant comme maître dès 1256, ne fut accepté dans le *consortium magistrorum* qu'en 1257, en raison de la querelle qui opposa les séculiers de l'Université de Paris aux Ordres mendiants. En conséquence, affirment B.C. Bazàn et coll. *(Les questions disputées...*, p. 79-85), les huit premières questions du *De veritate*, dont fait partie le *De verbo*, si elles ont été disputées au courant de l'année 1256-1257, n'ont pu constituer des actes publics de l'Université: il faudrait donc plutôt les concevoir comme l'objet de disputes privées au couvent Saint-Jacques et, disent les mêmes auteurs, il serait possible que les autres *Quaestiones disputatae de veritate* aient été, elles aussi, des disputes *in scholis*, expression d'ailleurs trouvée dans l'un des manuscrits du *De veritate* datant de la fin du XIIIe siècle (*ms. Amiens, Bibliothèque municipale 244*: cf. A. Dondaine, *Quaestiones...*, p. 7*). S'il semble exclu que l'unité de dispute ait été l'article, comme l'avait suggéré autrefois P. Mandonnet (cf. *S. Thomae Aquinitatis...*, p. 12), il n'est néanmoins pas certain que cette unité ait été représentée par la question telle que celle-ci nous a été transmise. Etant donné la part importante du maître dans l'élaboration finale de l'écrit, étant donné aussi que cet écrit regroupe deux moments différents de la *quaestio disputata*, à savoir la *disputatio* elle-même et la *determinatio*, il est difficile de se rendre compte exactement des débats tels qu'ils ont effectivement eu lieu. On lira avec profit sur le sujet A. Dondaine, *Secrétaires de saint Thomas*, p. 130-134 et 209-216; B.C. Bazàn et coll., *Les questions* *disputées*..., p. 59-78 ; P. Glorieux, *L'enseignement au Moyen Age*, p. 123-128 ; L.J. Bataillon, *Les conditions de travail*..., p. 429).

Les sujets abordés dans les vingt-neuf *Quaestiones disputatae de veritate* sont variés : ils peuvent être regroupés autour de thèmes généraux comme ceux de la connaissance, du bien, de la liberté, de la volonté et de la grâce. L'ordre des questions oblige à rechercher à travers l'ouvrage celles qui relèvent du même domaine. C'est ainsi que, sans vouloir citer toutes les questions qui, en tant qu'applications particulières, appartiennent au champ de la connaissance, on peut rapprocher la question IV du *De verbo*, étudiée ici, des questions III *(De ideis)*, I *(De veritate)* et XI *(De magistro)* : le *De verbo*, en effet, parce qu'il traite de la manifestation de ce qui est connu par l'intelligence, se trouve tout naturellement relié à ce qui est dit sur la conception des idées, sur la valeur de celles-ci comme représentations du réel, sur la possibilité de leur transmission.

Peut-être objectera-t-on que, en raison de la référence constante au Verbe divin dans le questionnement des différents articles du *De verbo* et dans leurs conclusions, il s'agit là d'un texte beaucoup plus théologique que celui des trois autres questions citées ci-dessus : cela n'est pas certain. D'une part, en effet, il ne semble pas présomptueux d'affirmer que l'objectif principal de saint Thomas d'Aquin, dans la plupart de ses œuvres et en particulier dans les *Quaestiones disputatae*, est un objectif théologique, et ni le *De ideis*, ni le *De veritate*, ni le *De magistro* ne font exception à cette règle. D'autre part, si ces différentes questions mêlent à l'envi, autant dans les objections que dans les réponses, les arguments tant philosophiques que théologiques, c'est en raison même du genre de la *disputatio* médiévale « où la vérité est découverte, enseignée ou apprise par l'affrontement d'arguments provenant de la tradition et de la raison » (B.C. Bazàn et coll., *Les questions disputées*..., p. 24). Avec E. Stein (*Des Hl. Thomas*..., vol. 1, p. 127-129), disons également que, si les données initiales proviennent aussi bien du monde sensible que de la révélation divine, c'est à cause du fondement même de la philosophie de Thomas d'Aquin, laquelle est basée sur l'être et sur l'analogie de l'être. Dans cette perspective, la réalité divine et la réalité humaine, liées l'une à l'autre par un rapport d'analogie signifiant à la fois ressemblance et transcendance, sont capables de s'éclairer mutuellement. L'étude de l'homme, image de Dieu, va permettre de parler, non seulement de l'homme, mais aussi de Dieu. La Révélation, en apportant des données sur Dieu, enrichira en même temps notre connaissance sur l'homme. De là découle le double intérêt, philosophique et théologique, de l'œuvre de saint Thomas en général et des *Quaestiones disputatae de veritate* en particulier.

A ce double intérêt, le *De verbo* n'échappe pas. Il traite, en effet, à la fois du verbe humain et du Verbe divin, ce qu'on saisit d'emblée en notant le passage constant de la minuscule à la majuscule initiales du mot *verbum* dans les éditions modernes du texte. L'analyse très poussée du verbe humain permet de découvrir que le Verbe de Dieu, le *Logos*, peut être dit verbe au sens propre du terme (a. 1). Qu'il soit appliqué à Dieu ou aux hommes, le mot de verbe implique qu'il y a, non seulement origine (ou procession), mais aussi connaissance et manifestation (a. 3, a. 7). Le verbe est donc, par essence, ce qui est connu par l'intellect et exprimé. Connaissance et expression sont limitées chez l'homme, illimitées en Dieu : le Verbe divin exprime la science illimitée du Père, en laquelle le Père se connaît et connaît la création tout entière (a. 4). Une distinction entre relations réelles et relations de raison est établie d'abord à partir du monde sensible, elle est appliquée ensuite aux relations qui unissent les Personnes divines. Une autre distinction est posée entre la vérité d'une chose et la vérité du discours (a. 6). Enfin, Thomas d'Aquin souligne la différence fondamentale qu'on doit admettre entre les similitudes des choses dans l'intelligence humaine qui ne fait que connaître ce qui déjà existe, et ces mêmes similitudes dans l'intelligence divine qui est en plus la cause de l'être même de ces choses (a. 8). Ainsi, l'auteur approfondit et enrichit la connaissance du verbe humain dans le moment même où il tente une approche du Verbe divin. C'est néanmoins uniquement cette approche du Verbe divin qui est soulignée par les interrogations initiales des articles du *De verbo*, lequel semble répondre au plan suivant :

1. Le Verbe au sein de la Trinité : a. 1, a. 2, a. 3.
2. La relation du Verbe à la création : a. 4, a. 5.
3. L'existence des créatures dans le Verbe : a. 6, a. 7, a. 8.

On soulignera ici rapidement quelques apports importants du *De verbo* :

1. *La signification du verbum cordis (v. mentis, v. intellectus).* Avec d'autres auteurs chrétiens, soit plus anciens (Augustin, Anastase d'Antioche, Jean Damascène, Anselme), soit contemporains (Albert le Grand, Bonaventure), Thomas d'Aquin distingue trois sortes de verbe qui sont autant d'étapes de l'acte de dire chez l'homme. Ce sont, dans l'ordre, le *verbum cordis*, le *verbum exemplar exterioris vocis*, et le *verbum vocis*, nommés ainsi par saint Thomas dans l'article 1 du *De*

verbo, désignés parfois sous d'autres termes chez les auteurs cités ci-dessus pour signifier les mêmes réalités. On ne s'étendra ici, ni sur le verbe qui est à l'image de la voix (la parole intérieure), ni sur le verbe de la voix (la parole extérieure): Aristote, déjà, parlait de *esô logos* et de *exô logos*, les Stoïciens distinguaient le *logos endiathetos* et le *logos prophorikos*, et l'on ne peut citer tous les travaux de philosophie et de psychologie des siècles passés et de l'époque moderne qui traitent du langage (parole, discours) intérieur par opposition au langage extérieur. Mais que représente ce *verbum cordis*, appelé aussi par Thomas d'Aquin *verbum mentis* ou *verbum intellectus*, ce verbe qui, selon Augustin (cf. *De Trin.*, XV, c. 10, § 19), existe avant même toute image de son et n'appartient à aucune langue, ce verbe qu'Albert le Grand et Alexandre de Halès nomment *verbum rei* ou verbe intelligible de la chose? Avec précision, dans le *De verbo* et aussi dans des textes antérieurs ou postérieurs à cet ouvrage (voir, par exemple, *Super Sent.*, I, d. 27, q. 2, a. 2; *C. Gent.*, IV, c. 11), Thomas d'Aquin explique la nature de ce verbe: il est ce qui est conçu par l'intelligence et qui est destiné à être proféré, ou encore ce qui est pensé en acte par l'intellect en vue d'être manifesté. Ce *verbum cordis* représente donc la phase ultime de l'acte de connaissance. Il est *intentio intelligibilis* ou *intellecta*, *similitudo rei intellectae*, mais il est aussi la première étape de l'acte de dire. Il est au point de départ du discours, ce qui donne à la parole intérieure et à la parole extérieure d'être et de signifier, et c'est pourquoi il mérite le titre de verbe. Il diffère du simple regard intellectuel du fait qu'il est là pour être manifesté, non seulement à l'intellect qui l'engendre, mais aussi à d'autres intellects. Aucune matérialité ne réside donc dans ce verbe, et les auteurs chrétiens cités plus haut ont vu dans le *verbum cordis* l'analogue du Verbe par lequel le Père se dit lui-même et par lequel il profère toute créature: de là vient l'importance toujours actuelle de la reconnaissance du *verbum cordis* ou *verbum rei* comme l'une des réalités signifiées par le mot de verbe pour une approche du *Verbum Dei*. On lira avec intérêt, sur le sujet, l'étude de G. Rabeau, *L'activité intellectuelle élémentaire selon saint Thomas d'Aquin*, p. 63 ss, ainsi que l'article de J. de la Vaissière, *Le sens du mot « verbe mental » dans les écrits de saint Thomas*.

2. *Les relations du Verbe au Père, et les rapports du Verbe à la création. Le Verbe et les Idées*. Le *verbum cordis* ne correspond, chez l'homme, qu'à une fraction de la science qu'il possède, à savoir ce qui est connu en acte et qui provient, soit d'une connaissance antérieure, soit de la connaissance habituelle (cf. a. 2, c.; a. 4, c.). Il n'en est pas de même du Verbe divin: la science du Père, en effet, est entièrement en

acte, le Verbe exprime donc tout le contenu de cette science. « Or, par sa science, le Père se connaît lui-même et, en se connaissant, il connaît toutes les autres choses. Son Verbe exprime donc d'abord le Père lui-même et, par voie de conséquence, toutes les autres réalités que le Père connaît en se connaissant lui-même » (a. 4, c.). « Le Verbe concerne directement Dieu que le Verbe exprime d'abord et, par suite, il concerne les créatures » (a. 4, *ad* 5). « Le Verbe se rapporte donc principalement et comme essentiellement au Père, mais secondairement et comme accidentellement à la créature » (a. 5, c.). C'est donc parce qu'il « dit » le Père que le Verbe « dit » aussi la création tout entière contenue en acte dans l'intellect divin. Cependant, la nature de la relation du Verbe au Père est différente de celle qui unit le Verbe à la création : dans le premier cas, il s'agit d'une relation réelle ou principale ou essentielle ; dans le second cas, il s'agit d'une relation de raison ou de conséquence ou accidentelle (cf. a. 5, c.). Rappelons qu'une relation réelle *(realis relatio)* est celle qui va d'une réalité à une autre dont la première dépend de manière essentielle ; la relation inverse, si la dépendance essentielle n'est pas réciproque, est appelée relation de raison *(rationis relatio, relatio secundum dici)*. La différence de nature entre la relation de la créature à Dieu et celle de Dieu à la créature explique en quelque sorte ce que la Tradition a toujours souligné, à savoir que, si la créature dépend de Dieu, celui-ci ne dépend en aucune façon de ce qu'il crée par amour libre sans en avoir aucunement besoin. Ce point de vue est assez largement contesté dans les temps modernes : sur le terrain de la dialectique hégélienne a pris naissance, en effet, « l'opinion que Dieu a besoin du monde pour être Dieu ou, plus encore, pour le devenir » (M.T. Liske, *Die sprachliche Richtigkeit...*, p. 390).

Le Verbe, par qui la création est réalisée, s'identifie-t-il aux Idées platoniciennes ? Non, répond saint Thomas. Puisque le Verbe est d'abord et principalement ce qui exprime le Père, il ne peut être confondu avec les Idées qui, elles, correspondent aux différentes créatures. « Du fait que, considérées en Dieu, les créatures constituent une seule réalité, il n'y a, pour toutes les créatures, qu'un seul Verbe » (a. 4, *ad* 5). « Le Verbe n'est pas seulement ce par quoi se fait la disposition concernant les choses à créer, mais il est cette disposition même du Père » (a. 5, *ad* 6). Le Verbe contient donc en lui chaque idée ou forme des créatures, appelée encore *similitudo creaturae* : cette similitude de la créature dans le Verbe est à prendre, non dans le sens d'une image, mais dans le sens d'un modèle *(exemplar)*, car elle est à la source de l'être et du mouvement de cette créature existant dans sa nature propre, et c'est pourquoi «en un certain sens», dit saint Thomas, cette similitude peut être appelée vie de la créature dans le Verbe (cf. a. 4, *ad* 2; a. 8, c. et *ad* 4). Notons, à propos des articles 6 et 8, cette conscience très vive des théologiens du moyen âge, et de Thomas d'Aquin en particulier, que toutes les créatures sont à tout moment en Dieu comme en leur cause: c'est à partir de ce postulat, qui n'est pas remis en question, que les interrogations de ces deux articles prennent naissance.

3. *La précision du langage de Thomas d'Aquin.* Au cours des discussions qui animent le *De verbo*, un des principaux soucis de l'auteur est de préciser le sens des mots et de rectifier le langage pas toujours adéquat de ses devanciers. Il est même amusant de voir la manière ironique dont il use pour redresser le flou de certaines propositions: «Anselme a pris le terme de dire au sens large de connaître, et le mot de verbe au sens propre; il aurait pu faire l'inverse si cela lui avait plu» (a. 2, *ad* 4). Et saint Thomas explique que dire signifie, non seulement connaître, mais aussi exprimer le concept formé (a. 2, *ad* 5), c'est-à-dire engendrer une réalité hors de soi. La notion d'origine, de procession à partir d'autre chose, lui est également indispensable pour établir sa définition du verbe, qu'il soit humain ou divin.

Soulignons aussi l'application de l'auteur à utiliser le plus souvent le terme de *Père* (et non pas Dieu ou Créateur) pour désigner l'origine du Verbe. C'est ainsi que, dès l'article 1, il modifie le langage de ceux qui parlent d'un Verbe intermédiaire entre le Créateur et les êtres créés: «non pas... qu'il (le Verbe) soit entre le Dieu créant et la créature, puisque le Verbe lui-même est aussi Dieu créant...; de même que le Verbe n'est pas une créature, de même il n'est pas le Père» (a. 1, *ad* 3).

Un autre exemple de précision de langage est le suivant: les nombreux attributs de Dieu, tels que la connaissance, la sagesse, la puissance, appartiennent à l'essence divine. Ils deviennent attributs personnels convenant au Verbe si l'on parle de connaissance *engendrée*, de sagesse *engendrée*, de puissance *engendrée* (cf. a. 2, *ad* 2 et *ad* 6).

On a dit et répété bien souvent que le meilleur interprète de saint Thomas était saint Thomas lui-même, voulant signifier par là l'intérêt de rechercher, pour une meilleure compréhension d'un texte, les textes parallèles de l'auteur. Lorsque Thomas d'Aquin rédige les *Quaestiones disputatae de veritate*, il a déjà composé les *Commentaires sur les Sentences* (1253-1255). A l'intérieur du premier livre de ces *Commentaires*, la question 2 de la *distinctio* 27 est, elle aussi, consacrée à l'étude du verbe. Les trois articles de cette question correspondent, par leurs titres et leurs contenus, aux articles 1, 2 et 5 du *De verbo* ; ils possèdent également certains éléments des articles 3 et 4 de ce dernier ouvrage. On trouvera, dans quelques-unes des notes jointes à notre traduction, des références à certains passages des *Commentaires* en rapport avec les réponses du *De verbo*. D'une manière générale, les solutions proposées dans les *Commentaires*, souvent accompagnées de références nombreuses aux auteurs plus anciens, ne présentent pas le même plan que celles du *De verbo*, et surtout elles ne sont pas pourvues de ces introductions qui reprennent le problème de très loin et sur lesquelles l'auteur fonde ensuite son argumentation : de là provient une impression de moins grande solidité de celle-ci dans les *Commentaires*. Ainsi l'on ne retrouve, ni la partie introductive de la réponse de l'article 1 du *De verbo* sur la façon humaine de nommer les choses et ce qui en découle, ni la distinction établie au début du corps de l'article 5 entre relations réelles et relations de raison, distinction qui éclaire la nature des rapports entre le Verbe et les créatures. Plusieurs auteurs ont noté, à juste titre, une évolution de la pensée de saint Thomas sur sa conception du Verbe et, en conséquence, sur l'importance accordée au Verbe dans l'économie trinitaire, entre les *Commentaires sur les Sentences* et les œuvres postérieures (cf. M.D. Chenu, *Introduction à l'étude de saint Thomas*, p. 235-236 ; H. Paissac, *Théologie du Verbe*, p. 117 ss ; B. Lonergan, *La notion de verbe...*, p. 200 ; E.H. Wéber, *Le Christ selon saint Thomas d'Aquin*, p. 52-55 ; J. Chênevert, *Le Verbum dans le Commentaire...*, p. 191-233 ; C. Izquierdo, *La Teologia del Verbo...*). L'étude comparative des différents textes de saint Thomas sur le Verbe, étude réalisée ici au cours de notre travail et résumée ci-dessous, dans la note 52, permet de suggérer que cette évolution pourrait résulter d'un approfondissement de la pensée de l'auteur sur au moins trois points. D'abord, alors que, dans les *Commentaires*, le *verbum cordis* est identifié a la *species intelligibilis* (ou *intellecta)*, laquelle se trouve au principe de la connaissance intellectuelle, ce même *verbum cordis*, à partir du *De veritate*, devient identique à l'*intentio intelligibilis* ou *conceptio intellectus*, étape finale du processus de l'acte intellectuel de connaître. Cette évolution est importante car elle ne permet plus de soupçonner le Fils-Verbe d'être au principe de l'acte de connaître du Père (cf. J. Chênevert, *Le Verbum dans le Commentaire...*, p. 206-208). Ensuite, on peut percevoir, à partir du *De verbo*, un développement des implications du terme même de verbe : non seulement tout verbe est une conception de l'intelligence destinée à être manifestée, mais il est *procedens ab alio*, il entretient une distinction réelle avec ce qui l'engendre et donc, en Dieu où n'existe aucun accident, le Verbe est nécessairement une personne distincte à propos de laquelle toutes les caractéristiques divines doivent être dites « engendrées » *(sapientia genita, dispositio genita, genitus Deus, genitus Creator* : cf. *De verbo*, a. 4, *ad* 3 et *ad* 5 ; *S.th.*, I, q. 34, a. 3, *ad* 1). Enfin, l'évolution de la pensée se manifeste dans la distinction, dès le *De verbo*, entre les *noms* relatifs par essence ou par manière de parler et les *êtres* qui peuvent entretenir entre eux des relations réelles ou des relations de raison. Ainsi, le nom de verbe ne signifie pas par lui-même une relation, mais « quelque chose d'absolu auquel s'ajoute une relation » (a. 5, c.) ; cependant, le Verbe divin est une personne entretenant une relation réelle avec le Père dont il dépend tandis qu'il n'entretient qu'une relation de raison avec la créature créée par lui (cf. a. 5, c.).

Trois articles de la *Somme de Théologie* (I, q. 34, a. 1, a. 2 et a. 3), correspondant eux aussi à une étude sur le verbe, ont été écrits une dizaine d'années après le *De verbo*. Dans ces articles, la *Somme*, beaucoup plus concise et souvent plus affirmative mais beaucoup moins démonstrative que le *De verbo*, possède des phrases d'une clarté admirable. Notamment, l'article 1 de la *Somme* résume les articles 1 et 2 du *De verbo* et, si l'introduction très instructive du corps de l'article 1 de ce dernier ouvrage est omise dans la *Somme*, celle-ci présente en quelques lignes exemplaires toute l'argumentation de l'article 2. La courte réponse de l'article 3 de la *Somme*, article concernant le rapport du Verbe à la créature, contient en substance les conclusions des articles 4 et 5 du *De verbo* sans en posséder toutefois la richesse d'argumentation. Ces observations particulières sont en accord avec les remarques générales faites par plusieurs auteurs et reprises dans le livre récent de B.C. Bazàn et coll. (cf. *Les questions disputées...*, p. 43 à 47), selon lesquelles les questions disputées peuvent être considérées comme l'antécédent des *Sommes* dont les articles sont d'ailleurs rédigés selon le schéma de la dispute, et ces *Sommes* constituent une synthèse des discussions détaillées présentes dans les questions disputées. On rejoint aussi l'affirmation de A. Walz (cf. *Saint Thomas d'Aquin*, p. 101), selon laquelle il faut chercher dans les *Quaestiones disputatae* la clé de l'intelligence des deux *Sommes*.

D'autres textes de saint Thomas parlent également du verbe et, très particulièrement, le chapitre 1 du *Commentaire sur l'évangile de saint Jean*, dont les leçons 1 et 2 correspondent aux versets 1 à 4 du Prologue. On retrouve ici, sous une présentation très différente de celle des *Quaestiones*, un certain nombre de points communs avec le *De verbo* : distinction entre verbe intérieur et verbe extérieur, nécessité pour tout verbe de procéder de quelque chose, existence d'un seul

Verbe divin pour exprimer la totalité de Dieu et de la création, considération des créatures selon ce qu'elles sont en elles-mêmes et selon ce qu'elles sont dans le Verbe... L'argumentation philosophique est ici plutôt courte, beaucoup plus rapide que dans le *De verbo*, et certaines précisions font défaut: ainsi la distinction du verbe intérieur en *verbum cordis* et *verbum exemplar exterioris vocis* n'est pas retrouvée. En revanche, le *Commentaire sur l'évangile de saint Jean* insiste sur la consubstantialité du Verbe et du Père et, dans le commentaire du verset 4 du Prologue, il s'étend beaucoup sur la tradition des Pères: on ne saurait donc trop conseiller la lecture de cet ouvrage, dans ces quelques pages où il parle du verbe d'une manière qui complète l'approche du *De verbo*. Il convient de mentionner aussi quelques passages de la *Question quodlibétale* IV (q.4, a.1), du *De pot.* (q.9, a.5 et a.9) et du *C.Gent.* (IV, c.13).

D'une manière générale, lorsqu'on met en parallèle différents textes de saint Thomas sur le même thème, on doit toujours se rappeler que les ouvrages dont proviennent ces textes ont été rédigés dans des buts très variés. Il faut noter que les différences de forme et d'ampleur, et aussi d'époque de rédaction des ouvrages, n'empêchent pas l'existence, dans l'ensemble, d'une remarquable concordance des conclusions.

Il a été dit plus haut, à propos du *verbum cordis*, mais cela est également vrai pour d'autres thèmes abordés dans le *De verbo*, que Thomas d'Aquin a puisé dans les auteurs plus anciens ou contemporains. Mention spéciale doit être faite ici d'Augustin: il est de loin, avec vingt-trois références explicites, l'auteur le plus cité, l'œuvre le plus souvent indiquée étant son traité *Sur la Trinité*. Si environ la moitié des citations d'Augustin se retrouvent dans les objections, l'autre moitié alimente les arguments *sed contra* et les thèses elles-mêmes de saint Thomas: on décèle par là l'influence conservée par Augustin dans le monde médiéval, ainsi que la grande considération portée par l'auteur des *Quaestiones disputatae de veritate* à la théologie de l'évêque d'Hippone.

Plusieurs auteurs du moyen âge, nous l'avons vu, ont écrit sur le verbe, en particulier Anselme (*Monologion*, c.33-37, c.63), Pierre Lombard (*Sentences*, I, d.27), Alexandre de Halès (*Quaestiones disputatae, quaestio IX De verbo aeterno; Somme théologique**, I, n.419-426), Albert le Grand (*Commentaire des Sentences*, I, d.27, E,

* La question de l'authenticité de la *Somme théologique* d'Alexandre de Halès est longuement discutée par V. Doucet (*Prolegomena*, p. CCCLVI-CCCLXX).

a. 6 et a. 7 ; *Somme de Théologie***, I-I, tr. 8, q. 35, c. 3, a. 2 à a. 5), Bonaventure (*Commentaire des Sentences*, I, d. 27, p. 2, a. 1, q. 1, q. 2 et q. 4 ; *ibid.*, d. 36, a. 2, q. 1 et q. 2). Les interrogations présentes dans les œuvres de ces auteurs sont étonnamment semblables à celles du *De verbo*, et il n'y a pas un seul article de ce dernier ouvrage qui n'ait au moins un correspondant dans l'un ou l'autre des traités cités ci-dessus. Ceci constitue un bel exemple de la continuité existant entre l'œuvre de saint Thomas et celle de ses devanciers ou contemporains ! Lorsqu'on compare le contenu même des articles, quelques remarques s'imposent :

1. Seuls avec Thomas d'Aquin, Albert le Grand et Bonaventure se demandent si l'on peut parler, en Dieu, de verbe au sens propre du terme, et si ce verbe se rapporte à l'essence ou à la personne, problèmes philosophiques qui semblent naître au XIIIe siècle : Alexandre de Halès traite seulement de la première des deux questions, Pierre Lombard et Anselme n'en discutent pas.

2. C'est d'Anselme que Thomas d'Aquin semble principalement s'inspirer pour les titres des articles 3 à 8 du *De verbo*, tandis que les autres auteurs ne s'intéressent pas à l'ensemble des interrogations posées dans ces articles, mais seulement à certaines d'entre elles. A travers toute la question du *De verbo*, les références à Anselme sont particulièrement nombreuses : ce dernier est, avec Augustin et Aristote, l'auteur le plus cité. Le *Monologion* paraît être une des sources d'inspiration du *De verbo* : A. Zimmermann (*Bemerkungen...*, p. 247) n'a-t-il pas déjà affirmé que Thomas d'Aquin devait avoir devant les yeux le *De veritate* d'Anselme lorsqu'il rédigeait la question 1 du *De veritate* ?

Les constatations précédentes montrent qu'il y a, parmi les auteurs chrétiens du moyen âge, non seulement une préoccupation commune fondamentale, celle de parler du Christ en tant que Verbe de Dieu et Dieu lui-même, mais aussi le souci de présenter leurs questions d'une manière qui actuellement surprend mais qui, à cette époque, devait avoir assez de succès et montrer assez d'efficacité pour être suivie par tous. Autrement dit, Thomas d'Aquin paraît n'être original, ni par la forme de ses écrits, ni par les questions qu'il pose, ni même, le plus souvent, par les conclusions qu'il propose. Cependant, indissociablement grand philosophe et grand théologien, il possède une profondeur remarquable et tout à fait originale au niveau de l'argumentation, et il

** Rappelons que la rédaction de la *Somme de théologie* d'Albert le Grand est largement postérieure à celle des *Quaestiones disputatae de veritate* de Thomas d'Aquin (cf. D. Siedler et P. Simon, *Prolegomena*, p. XVI-XVII).

a donné, dans des œuvres telles que les *Quaestiones disputatae*, le meilleur de lui-même. On souscrira volontiers au jugement porté par F. van Steenberghen *(La philosophie au XIII*[e] *siècle*, p. 336) : « Si Thomas d'Aquin est largement tributaire de ses sources pour les matériaux accumulés dans ses écrits, la synthèse philosophique qu'il a édifiée porte la signature de son génie, le souffle puissant qui anime cette synthèse vient de lui seul ».

La traduction française présentée ici est effectuée à partir du texte latin du *De verbo*, publié dans l'édition des *Opera omnia* de saint Thomas d'Aquin *(Quaestiones disputatae de veritate*, t. XXII, vol. 1, fasc. 2, Rome, Sainte-Sabine, 1970, p. 117-136), édition appelée souvent, par commodité, *Edition léonine*. Ce texte latin est mis en regard de la traduction française. Pour alléger l'ouvrage, ne sont reproduits, ni l'apparat des variantes des manuscrits, ni les références relatives aux sources et aux lieux parallèles existant dans l'*Edition léonine* : ces références sont largement utilisées dans la rédaction des notes jointes à la traduction française. On trouvera, dans la préface du tome XXII de l'*Edition léonine*, rédigée par A. Dondaine, l'histoire détaillée des manuscrits du *De veritate*. Il suffit de dire ici que le texte latin du *De verbo* retenu pour cette édition et reproduit dans notre ouvrage, appartient dans sa totalité au manuscrit original « A », dicté par saint Thomas lui-même et corrigé par lui (ms. *Vat. lat. 781)*. Aucune traduction française du *De verbo* n'a été publiée, à notre connaissance, jusqu'à ce jour. Il existe une traduction anglaise de l'ensemble des *Quaestiones disputatae de veritate (Truth*, par R.W. Mulligan, J.V. Mc Glynn et R.W. Schmidt, 1952-1954). En langue allemande, Edith Stein a publié en 1931 une traduction du *De veritate* avec des commentaires, traduction dans laquelle seuls les corps des articles et certaines réponses aux objections sont présents.

La traduction française du *De verbo* a tenté de suivre les deux règles déjà élaborées pour notre traduction de la question XI du *De veritate*, le *De magistro* (cf. *Le Maître*, p. 12-13). La première consiste à présenter un texte rédigé en un français moderne, ce qui nécessite fréquemment une restructuration des lourdes phrases scolastiques : cette restructuration est faite avec le souci de ne perdre aucun élément significatif de la phrase latine. La seconde règle concerne certains mots et expressions appartenant en particulier au vocabulaire de la philosophie : leur traduction est difficile dans la mesure où ils n'ont plus aujourd'hui de correspondants exacts en français. Une traduction littérale de ces mots et expressions est le plus souvent conservée, et leur signification est donnée dans les notes jointes à la traduction : un index de vocabulaire en fin d'ouvrage permet de repérer facilement les endroits où chacun de ces termes est utilisé dans le texte et expliqué dans les notes. Dans les cas où il n'y a pas de traduction littérale, le mot français utilisé est également renvoyé à l'index. Trois autres index (index scripturaire, index des œuvres de Thomas d'Aquin, index des œuvres des auteurs anciens) reprennent les références citées dans le texte du *De verbo* et dans les notes.

* * *

Je tiens à exprimer ici les sentiments de profonde reconnaissance que j'éprouve à l'égard de Monsieur le Chanoine J. Châtillon, aujourd'hui décédé, qui fut doyen de la Faculté de Philosophie à l'Institut catholique de Paris : c'est lui qui m'a aidée au début de ce travail. Je voudrais remercier aussi le R.P. L.J. Bataillon pour ses judicieuses remarques et ses encouragements à publier ce petit livre. Toute ma gratitude va à Monsieur J. Trinquet pour ses précieux conseils concernant en particulier la traduction du texte : il m'a également facilité l'accès à de nombreux livres et revues. Je suis reconnaissante à l'équipe de la Bibliothèque du Saulchoir pour la documentation mise à ma disposition. Enfin je remercie vivement, d'une part le R.P. W.A. Wallace, responsable de la Commisssion léonine, qui m'a autorisée à reproduire le texte latin de l'Edition léonine, d'autre part le R.P. Préfet de la Bibliothèque vaticane qui m'a procuré une copie des pages du ms. *Vat. lat. 781* correspondant au texte du *De verbo*.

* * *

Les nombres présents dans la traduction française du *De verbo* renvoient aux notes, les astérisques à l'index du vocabulaire. Les mots entre crochets représentent les additions du traducteur.

Les titres complets, les éditions et les traductions des ouvrages cités dans l'introduction et dans les notes sont donnés dans la bibliographie, à la fin du volume.

TEXTE ET TRADUCTION

QUAESTIONES DISPUTATAE DE VERITATE

QUAESTIO QUARTA

DE VERBO

1. *Utrum verbum proprie dicatur in divinis.*
2. *Utrum verbum in divinis dicatur essentialiter vel personaliter tantum.*
3. *Utrum verbum Spiritui Sancto conveniat.*
4. *Utrum Pater dicat creaturam verbo quo dicit se.*
5. *Utrum hoc nomen verbum importet respectum ad creaturam.*
6. *Utrum res verius sint in Verbo vel in se ipsis.*
7. *Utrum verbum sit eorum quae nec sunt nec erunt nec fuerunt.*
8. *Utrum omne quod factum est sit vita in Verbo.*

QUESTIONS DISPUTÉES SUR LA VÉRITÉ

QUESTION IV

LE VERBE

ARTICLE 1 : *Est-ce au sens propre du terme qu'on parle d'un verbe en Dieu ?*

ARTICLE 2 : *En Dieu, le verbe est-il attribué à l'essence ou seulement à une personne ?*

ARTICLE 3 : *Le nom de verbe convient-il à l'Esprit-Saint ?*

ARTICLE 4 : *Le Père profère-t-il la créature par le verbe par lequel il se dit ?*

ARTICLE 5 : *Le nom de verbe implique-t-il un rapport à la créature ?*

ARTICLE 6 : *Les choses sont-elles plus véritablement dans le Verbe ou en elles-mêmes ?*

ARTICLE 7 : *Le verbe est-t-il verbe de ce qui n'est pas, ne sera pas et n'a pas été ?*

ARTICLE 8 : *Tout ce qui a été fait est-t-il vie dans le Verbe ?*

ARTICULUS PRIMUS

Quaestio est de Verbo. Et primo quaeritur utrum verbum proprie dicatur in divinis. Et videtur quod non. Est enim duplex verbum, scilicet interius et exterius : exterius autem de Deo proprie dici non potest cum sit corporale et transiens; similiter nec verbum interius quod Damascenus diffiniens dicit in II libro « sermo interius dispositus est motus animae in excogitativo fiens sine aliqua enuntiatione » : in Deo autem non potest poni nec motus nec cogitatio, quae discursu quodam perficitur; ergo videtur quod verbum nullo modo proprie dicatur in divinis.

2. Praeterea, Augustinus in XV De Trinitate probat quod verbum quoddam est ipsius mentis ex hoc quod etiam eius aliquod os esse dicitur, ut patet Matth. XV 11 « Quae procedunt de ore haec coinquinant hominem »; quod de ore cordis intelligendum esse ostenditur ex his quae sequuntur « quae autem procedunt de ore de corde exeunt »; sed os non dicitur nisi metaphorice in spiritualibus rebus; ergo nec verbum.

3. Praeterea, Verbum ostenditur esse medium inter Creatorem et creaturas ex hoc quod Ioh. I 3 dicitur « Omnia per ipsum facta sunt »; et ex hoc ipso probat Augustinus quod Verbum non est creatura; ergo eadem ratione potest probari quod Verbum non sit Creator; ergo verbum nihil ponit quod sit in Deo.

4. Praeterea, medium aequaliter distat ab extremis; si igitur Verbum medium est inter Patrem dicentem et creaturam quae dicitur, oportet quod Verbum per essentiam distinguatur a Patre cum per essentiam a creaturis distinguatur; sed in divinis non est aliquid per essentiam distinctum; ergo verbum non proprie ponitur in Deo.

ARTICLE 1

Est-ce au sens propre du terme qu'on parle d'un verbe en Dieu[1]?

La question a pour objet le Verbe. Et, en premier lieu, on cherche à savoir si c'est au sens propre du terme qu'on parle d'un verbe en Dieu. Il semble que non.

1. Il existe, en effet, deux sortes de verbe: le verbe* intérieur et le verbe extérieur. Or, à propos de Dieu, on ne peut pas parler d'un verbe extérieur au sens propre du terme, puisqu'un tel verbe est matériel et transitoire. Il en est de même pour le verbe intérieur que le Damascène, au livre II de son traité *Sur la foi*, définit ainsi : « Le verbe intérieur est un mouvement de l'âme qui se produit dans la faculté de penser sans aucune parole exprimée »[2]. Or, en Dieu, on ne peut affirmer ni mouvement ni réflexion *(cogitatio*)*, celle-ci étant réalisée à l'aide d'un discours. Il semble donc que d'aucune manière ce ne soit au sens propre du terme qu'on parle d'un verbe en Dieu.

2. De plus, au livre XV de son traité *Sur la Trinité*[3], Augustin prouve qu'il existe un verbe* de l'esprit lui-même du fait qu'on parle aussi d'une bouche de l'esprit, comme il ressort de *Mt* 15,11 : « Ce qui sort de sa bouche, voilà ce qui souille l'homme ». Qu'on doive comprendre qu'il s'agit là de la bouche du cœur est montré par ce qui suit: « Car ce qui sort de la bouche provient du cœur »[4]. Mais, dans les réalités spirituelles, on ne parle de bouche que dans un sens métaphorique; il n'en est donc pas autrement en ce qui concerne le verbe.

3. De plus, il est montré, par ce qui est dit en *Jn* 1,3 : « Tout a été fait par lui », que le Verbe est un intermédiaire entre le Créateur et les êtres créés. A partir de ce texte même, Augustin[5] démontre que le Verbe n'est pas un être créé. Donc, pour la même raison*, on peut prouver que le Verbe n'est pas le Créateur. Par conséquent, rien n'établit qu'il y ait un verbe en Dieu.

4. De plus, un intermédiaire se situe à égale distance des extrêmes[6]. Si donc le Verbe est un intermédiaire entre le Père qui profère et la créature qui est proférée, il faut que le Verbe soit distinct du Père par essence puisqu'il est distinct des créatures par essence. Mais, en Dieu, rien n'est distinct par essence. Par conséquent, un verbe, au sens propre du terme, ne peut être affirmé en Dieu.

5. Praeterea, quicquid non convenit Filio nisi secundum quod est incarnatus, hoc non proprie dicitur in divinis, sicut esse hominem vel ambulare aut aliquid huiusmodi; sed ratio verbi non convenit Filio nisi secundum quod est incarnatus quia ratio verbi est ex hoc quod manifestat dicentem, Filius autem non manifestat Patrem nisi secundum quod est incarnatus, sicut nec verbum nostrum manifestat intellectum nostrum nisi secundum quod est voci unitum; ergo verbum non dicitur proprie in divinis.

6. Praeterea, si verbum proprie esset in divinis, idem esset Verbum quod fuit ab aeterno apud Patrem et quod est ex tempore incarnatum, sicut dicimus quod est idem Filius; sed hoc, ut videtur, dici non potest quia Verbum incarnatum comparatur verbo vocis, Verbum autem apud Patrem existens verbo mentis, ut patet per Augustinum XV De Trinitate, non est autem idem verbum cum voce prolatum et verbum in corde existens; ergo non videtur quod Verbum quod ab aeterno dicitur apud Patrem fuisse, proprie ad naturam divinam pertineat.

7. Praeterea, quanto effectus est posterior tanto magis habet rationem signi; sicut vinum est causa finalis dolii et ulterius circuli qui appenditur ad dolium designandum, unde circulus maxime habet rationem signi; sed verbum quod est in voce est effectus postremus ab intellectu progrediens; ergo ei magis convenit ratio signi quam conceptui mentis, et similiter etiam ratio verbi, quod a manifestatione imponitur; omne autem quod per prius est in corporalibus quam in spiritualibus, non proprie dicitur de Deo; ergo verbum non proprie dicitur de ipso.

8. Praeterea, unumquodque nomen illud praecipue significat a quo imponitur; sed hoc nomen verbum imponitur vel a verberatione aeris, vel a boatu secundum quod verbum nihil est aliud quam verum boans; ergo hoc est quod praecipue significatur nomine verbi; sed hoc nullo modo convenit Deo nisi metaphorice; ergo verbum non proprie dicitur in divinis.

9. Praeterea, verbum alicuius dicentis videtur esse similitudo rei dictae in dicente; sed Pater intelligens se non intelligit

5. De plus, tout ce qui ne convient au Fils qu'en tant qu'il est incarné ne peut être attribué, au sens propre, à Dieu : ainsi être homme, marcher ou quelque chose du même genre. Mais le nom*[7] de verbe ne convient au Fils que selon qu'il est incarné puisque ce nom provient de ce qu'est manifesté celui qui parle. Or, le Fils ne manifeste le Père qu'en tant qu'il est incarné, de même que notre verbe ne manifeste notre intellect qu'en tant qu'il est uni à la voix. On ne peut donc pas parler, au sens propre du terme, d'un verbe en Dieu.

6. De plus, s'il existait, au sens propre du terme, un verbe en Dieu, il y aurait identité entre le Verbe existant de toute éternité auprès du Père et le Verbe incarné dans le temps, de même que nous disons qu'il s'agit du même Fils. Mais on ne peut dire cela, semble-t-il, parce que le Verbe incarné est comparé au verbe de la voix, tandis que le Verbe existant auprès du Père est comparé au verbe* de l'esprit, comme le montre Augustin au livre XV de son traité *Sur la Trinité*[8]. Or, le verbe proféré par la voix et le verbe existant dans le cœur ne constituent pas un seul et même verbe. Il ne semble donc pas que le Verbe, qu'on dit avoir été de toute éternité auprès du Père, appartienne, au sens propre du terme, à la nature divine.

7. En outre, plus un effet est loin de sa cause, plus il est dans sa nature* d'être signe. Ainsi, dans le cas du vin qui est la cause finale de la jarre et, par-delà, du collier qui est attaché à celle-ci pour en indiquer le contenu, c'est le collier qui a le plus raison de signe[9]. Mais le verbe de la voix est l'effet ultime du processus intellectuel ; c'est donc à lui, plus qu'à la conception de l'esprit, que convient le terme de signe, et aussi celui de verbe, lequel est établi à partir du fait que quelque chose est manifesté. Or, rien de ce qui existe dans les réalités matérielles plutôt que dans les réalités spirituelles ne peut être attribué, au sens propre, à Dieu. On ne peut donc pas parler de verbe, au sens propre du terme, à propos de Dieu.

8. De plus, tout nom signifie principalement ce à partir de quoi il est donné. Mais le nom de verbe est établi, soit à partir de *verberatio aeris* (action de frapper l'air)[10], soit à partir de *boatus* (cri), « verbe » n'étant rien d'autre que *verum boans* (criant ce qui est vrai)[11]. Ces expressions représentent donc ce qui est principalement signifié par le nom de verbe. Mais elles ne conviennent en aucune manière à Dieu, si ce n'est dans un sens métaphorique. Un verbe ne peut donc être affirmé, au sens propre du terme, en Dieu.

9. De plus, le verbe que quelqu'un exprime est en lui, semble-t-il, la similitude* de la réalité dont il parle. Mais, quand le Père se connaît* lui-même, il ne le fait pas au moyen d'une similitude, mais

se per similitudinem sed per essentiam; ergo videtur quod ex hoc quod intuetur se non generet aliquod verbum sui; sed « nihil est aliud dicere summo Spiritui quam cogitando intueri », ut Anselmus dicit; ergo verbum non proprie dicitur in divinis.

10. Praeterea, omne quod dicitur de Deo ad similitudinem creaturae, non dicitur de eo proprie sed metaphorice; sed verbum in divinis dicitur ad similitudinem verbi quod est in nobis, ut Augustinus dicit; ergo videtur quod verbum metaphorice et non proprie in divinis dicatur.

11. Praeterea, Basilius dicit quod Deus dicitur verbum secundum quod de eo omnia proferuntur, sapientia quo omnia cognoscuntur, lux quo omnia manifestantur; sed proferre non proprie dicitur in Deo quia prolatio ad vocem pertinet; ergo verbum non proprie dicitur in divinis.

12. Praeterea, sicut se habet verbum vocis ad Verbum incarnatum ita verbum mentis ad Verbum aeternum, ut per Augustinum patet; sed verbum vocis non dicitur de Verbo incarnato nisi metaphorice; ergo nec verbum interius dicitur de Verbo aeterno nisi metaphorice.

SED CONTRA, Augustinus dicit in IX De Trinitate « Verbum quod insinuare intendimus, cum amore notitia est »; sed notitia et amor proprie dicuntur in divinis; ergo et verbum.

2. Praeterea, Augustinus in XV De Trinitate dicit « Verbum quod foris sonat signum est verbi quod intus lucet, cui magis verbi competit nomen : nam illud quod profertur carnis ore vox verbi est, verbumque et ipsum dicitur propter illud a quo ut foris appareret assumptum est », ex quo patet quod nomen verbi magis proprie dicitur de verbo spirituali quam de corporali; sed omne illud quod magis proprie invenitur in spiritualibus quam in corporalibus, propriissime Deo competit; ergo verbum propriissime in Deo dicitur.

3. Praeterea, Richardus de Sancto Victore dicit quod verbum est manifestativum sensus alicuius sapientis; sed Filius

par essence[12]. Il apparaît donc que, du fait qu'il se regarde, il n'engendre pas de verbe de lui-même. Mais, « pour l'Esprit souverain, dire n'est pas autre chose que regarder en pensant *(cogitando*)* », comme le dit Anselme[13]. Un verbe ne peut donc être affirmé, au sens propre, en Dieu.

10. De plus, tout ce qui est dit de Dieu à la ressemblance* de la créature l'est, non au sens propre, mais au sens métaphorique. Mais, comme Augustin l'affirme[14], on parle d'un verbe en Dieu selon la similitude de celui qui existe en nous. Il semble donc que, en Dieu, on parle de verbe au sens métaphorique et non au sens propre du terme.

11. De plus, Basile[15] dit que Dieu est appelé verbe du fait que tout est proféré par lui, sagesse où tout est connu, lumière où tout est manifesté. Mais le fait de proférer ne peut être affirmé en Dieu au sens propre, puisque l'action de proférer appartient à la voix. On ne peut donc parler de verbe, au sens propre, en Dieu.

12. De plus, comme le montre Augustin[16], le verbe de la voix est au Verbe incarné ce que le verbe* de l'esprit est au Verbe éternel. Mais ce n'est que de manière métaphorique qu'on parle de verbe de la voix à propos du Verbe incarné. Ce n'est donc aussi que dans un sens métaphorique qu'on parle de verbe intérieur à propos du Verbe éternel.

CEPENDANT :

1. Au livre IX de son traité *Sur la Trinité*, Augustin dit : « Le verbe que nous cherchons à faire comprendre est la connaissance unie à l'amour »[17]. Mais, en Dieu, on parle au sens propre de connaissance et d'amour. On parle donc aussi, au sens propre, de verbe.

2. De plus, au livre XV de son traité *Sur la Trinité*, Augustin dit : « Le verbe qui retentit au-dehors est le signe du verbe qui brille au-dedans ; c'est à celui-ci, plus qu'à celui-là, que convient le nom de verbe. Ce qui est proféré par la bouche du corps est, en effet, l'expression sonore du verbe, et cette expression elle-même est aussi appelée verbe à cause de ce verbe qui l'emprunte pour apparaître au-dehors »[18]. Il ressort clairement de là qu'on parle de verbe de manière plus appropriée à propos du verbe* de l'esprit qu'à propos du verbe de la voix. Mais tout ce qu'on trouve être plus approprié aux réalités spirituelles qu'aux réalités corporelles convient tout particulièrement à Dieu. On peut donc parler de verbe en Dieu au sens le plus propre du terme.

3. De plus, Richard de Saint-Victor[19] dit du verbe qu'il manifeste l'intelligence du sage. Mais le Fils manifeste de la manière la plus vraie

verissime manifestat sensum Patris; ergo nomen verbi propriissime in Deo dicitur.

4. Praeterea, verbum, secundum Augustinum XV De Trinitate, nihil est aliud quam cogitatio formata; sed divina consideratio numquam est formabilis sed semper formata quia semper est in suo actu; ergo propriissime dicitur verbum in divinis.

5. Praeterea, inter modos unius illud quod est simplicissimum primo et maxime proprie dicitur unum: ergo et similiter in verbo quod est maxime simplex propriissime dicitur verbum; sed Verbum quod est in Deo est simplicissimum; ergo propriissime dicitur verbum.

6. Praeterea, secundum grammaticos haec pars orationis quae verbum dicitur, ideo sibi commune nomen appropriat quia est perfectio totius orationis quasi praecipua pars ipsius, et quia per verbum manifestantur aliae partes orationis secundum quod in verbo intelligitur nomen; sed Verbum divinum est perfectissimum inter omnes res et est etiam manifestativum rerum; ergo propriissime verbum dicitur.

RESPONSIO. Dicendum quod nomina imponuntur a nobis secundum quod cognitionem de rebus accipimus: et quia ea quae sunt posteriora in natura sunt ut plurimum prius nota nobis, inde est quod frequenter secundum nominis impositionem aliquod nomen prius in aliquo duorum invenitur in quorum altero per nomen significata res prius existit, sicut patet de nominibus quae dicuntur de Deo et creaturis, ut ens, bonum et huiusmodi quae prius fuerunt creaturis imposita et ex his ad divinam praedicationem translata, quamvis esse et bonum per prius inveniatur in Deo; et ideo, quia verbum exterius cum sit sensibile est magis notum nobis quam interius, secundum nominis impositionem per prius vocale verbum dicitur verbum quam verbum interius, quamvis verbum interius naturaliter sit prius utpote exterioris causa et efficiens et finalis. Finalis quidem quia verbum vocale ad hoc a nobis exprimitur ut interius verbum manifestetur, unde oportet quod verbum interius sit illud quod significatur per exterius

l'intelligence du Père. Le nom de verbe est donc attribué à Dieu au sens le plus propre du terme.

4. De plus, d'après Augustin au livre XV de son traité *Sur la Trinité*[20], le verbe n'est rien d'autre que la pensée *(cogitatio*)* formée. Mais la pensée *(consideratio*)* divine n'est jamais en voie de formation, étant toujours formée parce qu'elle est toujours en acte*. C'est donc au sens le plus propre du terme qu'on parle d'un verbe en Dieu.

5. De plus, dans les limites d'un [nom] donné, c'est ce qui est le plus simple qui, d'abord et de la manière la plus appropriée, est appelé de ce nom. Il en est donc ainsi du verbe : ce qui est le plus simple est appelé verbe au sens le plus propre du terme. Mais le Verbe qui est en Dieu est simple au plus haut degré ; il est donc appelé verbe au sens le plus propre du terme.

6. De plus, selon les grammairiens[21], cette partie du discours appelée verbe s'approprie un nom commun [à toutes les parties], parce qu'il constitue la perfection du discours tout entier en tant qu'élément principal de celui-ci et que, par le verbe, les autres parties du discours sont manifestées : ainsi, c'est dans le verbe que le nom est connu. Mais le Verbe divin est ce qu'il y a de plus parfait parmi toutes les choses, et il est aussi celui qui les manifeste. C'est donc au sens le plus propre du terme qu'il est appelé verbe.

RÉPONSE :

Il faut dire que nous donnons des noms aux choses selon la manière dont nous en prenons connaissance. Et, parce que ce qui vient en second dans la nature est, la plupart du temps, ce que nous connaissons en premier, il s'ensuit que fréquemment, selon ce mode d'attribution, un nom convenant à deux choses est trouvé d'abord pour l'une d'elles alors que la réalité signifiée par le nom existe d'abord dans l'autre ; il en est ainsi de manière évidente pour les noms qui sont donnés à Dieu et aux créatures : l'être, le bien et d'autres termes de ce genre ont été donnés d'abord aux créatures et, à partir d'elles, transférés et attribués à Dieu, alors que l'être et le bien se trouvent d'abord en Dieu.

Pour cette raison, étant donné la façon de donner un nom et du fait que le verbe extérieur, parce qu'il touche les sens, nous est plus connu que le verbe* intérieur, on appelle verbe le verbe de la voix avant d'appeler ainsi le verbe intérieur bien que celui-ci, en tant que cause à la fois efficiente et finale du verbe extérieur, soit selon l'ordre naturel le premier. Le verbe intérieur est cause finale du verbe extérieur, puisque nous émettons le verbe de la voix pour que le verbe intérieur soit manifesté : de là provient la nécessité que le verbe intérieur soit

verbum ; verbum autem quod exterius profertur significat id quod intellectum est, non ipsum intelligere neque hoc intellectum qui est habitus vel potentia nisi quatenus et haec intellecta sunt ; unde verbum interius est ipsum interius intellectum. Efficiens autem quia verbum prolatum exterius, cum sit significativum ad placitum, eius principium est voluntas sicut et ceterorum artificiatorum, et ideo sicut aliorum artificiatorum praeexistit in mente artificis imago quaedam exterioris artificii, ita in mente proferentis verbum exterius praeexistit quoddam exemplar exterioris verbi. Et ideo sicut in artifice tria consideramus, scilicet finem artificii et exemplar ipsius et ipsum artificium iam productum, ita et in loquente triplex verbum invenitur, scilicet id quod per intellectum concipitur, ad quod significandum verbum exterius profertur, et hoc est verbum cordis sine voce prolatum, iterum exemplar exterioris verbi, et hoc dicitur verbum interius quod habet imaginem vocis, et verbum exterius expressum, quod dicitur verbum vocis ; et sicut in artifice praecedit intentio finis et deinde sequitur excogitatio formae artificiati et ultimo artificiatum in esse producitur, ita verbum cordis in loquente est prius verbo quod habet imaginem vocis et postremum est verbum vocis.

Verbum igitur vocis, quia corporaliter expletur, de Deo non potest dici nisi metaphorice, prout scilicet ipsae creaturae a Deo productae verbum eius dicuntur, aut motus ipsarum, in quantum designant intellectum divinum sicut effectus causam. Unde eadem ratione nec verbum quod habet imaginem vocis poterit dici de Deo proprie sed metaphorice tantum, ut sic dicantur verbum Dei ideae rerum faciendarum. Sed verbum cordis, quod nihil est aliud quam id quod actu consideratur per intellectum, proprie de Deo dicitur quia est omnino remotum a materialitate et corporeitate et omni defectu, et huiusmodi proprie dicuntur de Deo, sicut scientia et scitum, intelligere et intellectum.

cela même qui est signifié par le verbe extérieur. Or, le verbe proféré à l'extérieur signifie ce qui est connu ; il ne signifie, ni le fait même de connaître, ni cet intellect qui est habitus ou faculté, si ce n'est dans la mesure où ceux-ci sont également connus ; il s'ensuit que le verbe intérieur est cela même qui est connu intérieurement[22]. Le verbe intérieur est aussi cause efficiente du verbe extérieur : parce que le verbe proféré à l'extérieur signifie quelque chose en vertu d'une convention[23], son principe, comme aussi celui de toutes les autres œuvres de l'art, est la volonté ; pour cette raison, de même que, [dans le domaine] des autres œuvres de l'art, il préexiste dans l'esprit de l'artisan une certaine image de l'œuvre extérieure, de même il préexiste, dans l'esprit de celui qui profère le verbe extérieur, un certain modèle de ce verbe.

Et c'est pourquoi, de même que dans le cas de l'artisan nous pouvons considérer trois choses, à savoir le but de l'œuvre, le modèle de celle-ci et l'œuvre elle-même alors produite, de même en celui qui parle on trouve aussi un triple verbe : à savoir ce qui est conçu par l'intellect que le verbe proféré à l'extérieur est destiné à signifier, c'est le verbe* du cœur produit sans la voix ; en second lieu, le modèle du verbe extérieur, appelé verbe intérieur possédant l'image de la voix ; et le verbe proféré à l'extérieur appelé verbe de la voix[24]. De même que, chez l'artisan, l'intention de la fin est première, ensuite vient l'invention de la forme de l'œuvre et, en dernier lieu, l'œuvre est amenée à l'être, de même, chez celui qui parle, le verbe du cœur précède le verbe qui possède l'image de la voix et le verbe de la voix vient en dernier.

Par conséquent, puisque le verbe de la voix est produit entièrement par le corps, on ne peut en parler à propos de Dieu que dans un sens métaphorique, comme sont appelées verbe les créatures elles-mêmes faites par Dieu, ou leurs mouvements, en tant qu'ils sont des signes de l'intellect divin, l'effet indiquant la cause[25]. Et donc, pour la même raison*, un verbe possédant l'image de la voix pourra être attribué à Dieu, non au sens propre, mais seulement dans un sens métaphorique : ainsi appelle-t-on verbe de Dieu les idées* des choses devant être créées.

Mais un verbe* du cœur, qui n'est rien d'autre que ce qui est considéré* en acte* par l'intellect, peut être attribué à Dieu au sens propre du terme parce qu'il est complètement étranger à la matérialité, à la corporéité et à toute déficience. Des mots de ce genre sont attribués à Dieu dans leur sens propre, comme science et savoir, connaître et connaissance.

1. Ad primum ergo dicendum quod, cum verbum interius sit id quod intellectum est nec hoc sit in nobis nisi secundum quod actu intelligimus, verbum interius semper requirit intellectum in actu suo qui est intelligere; ipse autem actus intellectus motus dicitur, non quidem imperfecti, ut describitur in III Physicorum, sed motus perfecti, qui est operatio, ut dicitur in III De anima; et ideo Damascenus dixit verbum interius esse motum mentis ut tamen accipiatur motus pro eo ad quod motus terminatur, idest operatio pro operato, sicut intelligere pro intellecto. Nec hoc requiritur ad rationem verbi quod actus intellectus qui terminatur ad verbum interius fiat cum aliquo discursu, quem videtur cogitatio importare, sed sufficit qualitercumque aliquid actu intelligatur: quia tamen apud nos ut frequentius per discursum interius aliquid dicimus, propter hoc Damascenus et Anselmus diffinientes verbum utuntur cogitatione loco considerationis.

2. Ad secundum dicendum quod argumentum Augustini non procedit a simili sed a minori: minus enim videtur quod in corde os dici debeat quam verbum, et ideo ratio non procedit.

3. Ad tertium dicendum quod medium potest accipi dupliciter: uno modo inter duo extrema motus, sicut pallidum est medium inter album et nigrum in motu denigrationis vel dealbationis; alio modo inter agens et patiens, sicut instrumentum artificis est medium inter ipsum et artificiatum et similiter omne illud quo agit, et hoc modo Filius est medium inter Patrem creantem et creaturam factam per Verbum, non autem inter Deum creantem et creaturam quia ipsum Verbum etiam est Deus creans, unde sicut Verbum non est creatura ita non est Pater. Et tamen etiam praeter hoc ratio non sequeretur: dicimus enim quod Deus creat per sapientiam suam essentialiter dictam, ut sic sapientia sua medium dici possit inter Deum et creaturam, et tamen ipsa sapientia est Deus. Augustinus

RÉPONSE AUX OBJECTIONS :

1. A la première objection, il faut donc répondre ceci : étant donné que le verbe* intérieur est ce qui est connu, et qu'il n'existe en nous que lorsque nous sommes en acte* de connaître, ce verbe requiert toujours un intellect dans son acte propre qui est de connaître. Or, l'acte même de l'intellect est appelé mouvement, non pas le mouvement d'un intellect imparfait tel qu'il est décrit au livre III de la *Physique*[26], mais celui d'un intellect parfait, qui est une opération* comme il est dit au livre III du traité *De l'âme*[27]. C'est pourquoi le Damascène a dit que le verbe intérieur est un mouvement de l'esprit, quoiqu'il prenne le mouvement pour ce à quoi il se termine, c'est-à-dire l'opération pour l'œuvre, comme l'acte de connaître pour ce qui est connu. Et la nature* même du verbe n'exige pas que l'acte de l'intellect aboutissant au verbe intérieur se produise à l'aide d'un discours que la pensée *(cogitatio*)* semble comporter, mais il lui suffit que, d'une manière ou d'une autre, quelque chose soit connu en acte. Cependant, parce que nous-mêmes, nous nous aidons le plus souvent d'un discours intérieur pour exprimer quelque chose, à cause de cela le Damascène et Anselme, dans leur définition du verbe, emploient le terme de réflexion *(cogitatio)* à la place de celui de considération *(consideratio*)*[28].

2. A la deuxième objection, on doit répondre que la preuve d'Augustin ne procède pas du semblable, mais du moindre : en effet, à propos du cœur, on doit moins parler, semble-t-il, de bouche que de verbe. C'est pourquoi l'argument* n'est pas valable.

3. A la troisième objection, on doit répondre que l'intermédiaire peut être compris de deux manières : d'une première manière, [comme ce qui est situé] entre les deux termes extrêmes d'un mouvement, par exemple le pâle est un intermédiaire entre le blanc et le noir dans le processus du noircissement ou du blanchiment. D'une autre manière, [l'intermédiaire peut être compris comme ce qui prend place] entre l'agent et le patient, par exemple l'instrument de l'artisan est un intermédiaire entre celui-ci et l'œuvre et pareillement [est intermédiaire] tout ce par quoi [l'agent] agit : c'est de cette manière-là que le Fils est un intermédiaire entre le Père qui crée et la créature faite par le Verbe, mais non entre Dieu créant et la créature puisque le Verbe lui-même est aussi Dieu créant. Par conséquent, de même que le Verbe n'est pas une créature, de même il n'est pas le Père. Cependant, l'argument* ne saurait être retenu même en-dehors de cela : nous disons, en effet, que Dieu crée par sa sagesse attribuée à l'essence divine, ainsi la sagesse peut être appelée un intermédiaire entre Dieu et la créature, et

autem non per hoc probat Verbum non esse creaturam quia est medium sed quia est universalis creaturae causa : in quolibet enim motu fit reductio ad aliquod primum quod non movetur secundum motum illum, sicut alterabilia omnia reducuntur in primum alterans non alteratum ; et ita etiam illud in quod reducuntur creata omnia oportet esse non creatum.

4. Ad quartum dicendum quod medium quod accipitur inter terminos motus, aliquando accipitur secundum aequidistantiam terminorum, aliquando autem non. Sed medium quod est inter agens et patiens, si sit quidem medium ut instrumentum, quandoque est propinquius primo agenti, quandoque propinquius ultimo patienti, et quandoque se habet secundum aequidistantiam ad utrumque, sicut patet in agente cuius actio ad patiens pervenit pluribus instrumentis ; sed medium quod est forma qua agens agit semper est propinquius agenti quia est in ipso secundum veritatem rei, non autem in patiente nisi secundum sui similitudinem, et hoc modo Verbum dicitur esse medium inter Patrem et creaturam, unde non oportet quod aequaliter distet a Patre et creatura.

5. Ad quintum dicendum quod, quamvis apud nos manifestatio quae est ad alterum non fiat nisi per verbum vocale, tamen manifestatio ad se ipsum fit etiam per verbum cordis, et haec manifestatio aliam praecedit, et ideo etiam verbum interius verbum per prius dicitur. Similiter etiam per Verbum incarnatum Pater omnibus manifestatus est, sed Verbum ab aeterno genitum eum manifestavit sibi ipsi, et ideo non convenit sibi nomen Verbi secundum hoc tantum quod incarnatus est.

6. Ad sextum dicendum quod Verbum incarnatum habet aliquid simile cum verbo vocis et aliquid dissimile : hoc quidem simile est in utroque, ratione cuius unum alteri comparatur, quod sicut vox manifestat verbum interius ita per carnem manifestatum est Verbum aeternum ; sed quantum ad hoc est dissimile quod ipsa caro assumpta a Verbo aeterno non dicitur verbum, sed ipsa vox quae assumitur ad manifestationem verbi interioris dicitur verbum. Et ideo verbum vocis est aliud a verbo cordis ; sed Verbum incarnatum est idem quod Verbum

cependant cette sagesse elle-même est Dieu. D'autre part, Augustin démontre que le Verbe n'est pas un être créé, non par le fait qu'il est un intermédiaire, mais parce qu'il est la cause universelle de la création. On peut, en effet, ramener tout mouvement à quelque chose de premier qui n'est pas mû selon ce mouvement, de même que tout ce qui subit des changements peut être ramené à une réalité première qui modifie sans être changée. Ainsi faut-il également que ce à quoi peut être ramené tout ce qui est créé ne soit pas lui-même créé.

4. A la quatrième objection, on doit répondre ceci : un intermédiaire, pris dans le sens de ce qui est situé entre les extrémités d'un mouvement, est parfois considéré comme étant à égale distance de ces extrémités, parfois pourtant il ne l'est pas. Mais l'intermédiaire qui se trouve entre l'agent et le patient, s'il est bien un intermédiaire en tant qu'instrument, est tantôt plus proche de l'agent premier, tantôt plus proche du patient qui est en dernier, quelquefois aussi il se tient à égale distance des deux : il en est ainsi de manière évidente lorsque l'action de l'agent parvient au patient par plusieurs instruments. Mais l'intermédiaire qui est la forme* par laquelle l'agent agit est toujours plus près de l'agent parce qu'il est en lui selon la vérité* de la chose[29], alors qu'il n'est dans le patient que selon sa similitude* : c'est de cette manière que le Verbe est appelé un intermédiaire entre le Père et la créature ; il n'est donc pas nécessaire qu'il soit à égale distance du Père et de la créature.

5. A la cinquième objection, on doit répondre ceci : bien que nous, nous ne fassions connaître quelque chose à autrui que par le verbe de la voix, cependant ce que nous nous manifestons à nous-mêmes se produit aussi par le verbe* du cœur, et cette manifestation précède l'autre ; c'est la raison même pour laquelle le verbe intérieur est par priorité appelé verbe. Pareillement, le Père a été manifesté à tous par le Verbe incarné, mais le Verbe engendré de toute éternité, il [le Père] se l'est manifesté à lui-même. C'est pourquoi le nom de Verbe ne lui (au Fils) convient pas seulement du fait qu'il s'est incarné.

6. A la sixième objection, on doit répondre que le Verbe incarné ressemble par certains aspects au verbe de la voix et, par d'autres aspects, en diffère. Ce qui est semblable en l'un et en l'autre, en raison* de quoi l'un peut être comparé à l'autre, réside en ceci : de même que la voix manifeste le verbe* intérieur, de même par la chair a été manifesté le Verbe éternel. Mais ce en quoi ils diffèrent, c'est que la chair elle-même prise par le Verbe éternel n'est pas appelée verbe, tandis que la voix elle-même prise pour manifester le verbe intérieur est appelée verbe. Et c'est pourquoi le verbe de la voix est différent du verbe du cœur, mais le Verbe incarné est identique au Verbe éternel,

aeternum sicut et verbum significatum per vocem est idem quod verbum cordis.

7. Ad septimum dicendum quod ratio signi per prius convenit effectui quam causae quando causa est effectui causa essendi non autem significandi, sicut in exemplo proposito accidit; sed quando effectus habet a causa non solum quod sit sed etiam quod significet, tunc sicut causa est prius quam effectus in essendo ita in significando. Et ideo verbum interius per prius habet rationem significationis et manifestationis quam verbum exterius quia verbum exterius non instituitur ad significandum nisi per interius verbum.

8. Ad octavum dicendum quod nomen dicitur ab aliquo imponi dupliciter, aut ex parte imponentis nomen aut ex parte rei cui imponitur: ex parte autem rei nomen dicitur ab illo imponi per quod completur ratio rei quam nomen significat, et hoc est differentia specifica illius rei, et hoc est quod principaliter significatur per nomen; sed quia differentiae essentiales sunt nobis ignotae, quandoque utimur accidentibus vel effectibus loco earum, ut in VIII Metaphysicae dicitur, et secundum hoc nominamus rem; et sic illud quod loco differentiae essentialis sumitur est a quo imponitur nomen ex parte imponentis, sicut lapis imponitur ab effectu qui est laedere pedem, et hoc non oportet esse principaliter significatum per nomen sed illud loco cuius hoc ponitur. Similiter dico quod nomen verbi imponitur a verberatione vel a boatu ex parte imponentis, non ex parte rei.

9. Ad nonum dicendum quod quantum ad rationem verbi pertinet non differt utrum aliquid intelligatur per similitudinem vel essentiam: constat enim quod exterius verbum significat omne illud quod intelligi potest, sive per essentiam sive per similitudinem intelligatur. Et ideo omne intellectum, sive per essentiam sive per similitudinem intelligatur, potest verbum interius dici.

10. Ad decimum dicendum quod de his quae dicuntur de Deo et creaturis quaedam sunt quorum res significatae per prius inveniuntur in Deo quam in creaturis quamvis nomina prius fuerint creaturis imposita, et talia proprie dicuntur de

comme aussi le verbe signifié par la voix est identique au verbe du cœur.

7. A la septième objection, on doit répondre ceci : il convient à l'effet d'être appelé signe[30], plutôt qu'à la cause, quand celle-ci est, pour l'effet, cause d'être mais non cause de signifier, comme c'est le cas dans l'exemple proposé. Mais quand l'effet tient d'une cause non seulement le fait d'être mais aussi celui de signifier, alors, de même que la cause est antérieure à l'effet dans le fait d'être, de même elle l'est dans le fait de signifier. C'est pourquoi le verbe* intérieur a raison* de signe et de manifestation, plutôt que le verbe extérieur, parce que ce dernier n'est constitué dans son rôle de signe que par le verbe intérieur.

8. A la huitième objection, il faut répondre ceci : on dit qu'un nom est donné par quelqu'un de deux manières, soit en rapport avec celui qui donne le nom, soit en rapport avec la chose à qui le nom est donné. Or, c'est en rapport avec la chose qu'un nom est dit être donné s'il l'est à partir de ce qui rend parfaite la définition* de la chose que le nom signifie, c'est-à-dire à partir de la différence spécifique de cette chose et c'est cela qui est avant tout signifié par le nom. Mais, parce que nous ne connaissons pas les différences essentielles, nous utilisons parfois, à leur place, des accidents* ou des effets comme il est dit au livre VIII de la *Métaphysique*[31], et c'est d'après cela que nous nommons une chose. Et ainsi, ce qui est choisi à la place de la différence essentielle est ce à partir de quoi le nom est établi en rapport avec celui qui le donne : par exemple, le nom de pierre (*lapis*) est donné à partir d'un effet de la pierre qui est de blesser le pied (*laedere pedem*)[32]. Ce n'est pas cet effet, mais ce dont il tient la place, qui doit être avant tout signifié par le nom. De même, je dis que le nom de verbe est établi à partir de *verberatio* (action de frapper) ou *boatus* (cri) en rapport avec celui qui donne le nom, et non en rapport avec la chose.

9. A la neuvième objection, on doit répondre ceci : en ce qui concerne la nature* même du verbe, il est indifférent qu'une chose soit connue* par similitude* ou par essence. Il est certain, en effet, que le verbe extérieur signifie tout ce qui peut être connu soit par essence soit par similitude. Et c'est pourquoi tout ce qui est connu soit par essence soit par similitude peut être appelé verbe* intérieur[33].

10. A la dixième objection, on doit répondre ceci : parmi ces [noms] qui sont attribués à Dieu et aux créatures, certains signifient des réalités qui se trouvent en Dieu avant d'être dans les créatures, bien qu'ils aient été d'abord donnés à des créatures ; de tels noms sont attribués à Dieu avec leur sens propre, comme bonté, sagesse et des

Deo, ut bonitas, sapientia, et huiusmodi; quaedam vero sunt nomina quorum res significatae Deo non conveniunt sed aliquid simile illis rebus, et huiusmodi dicuntur metaphorice de Deo, sicut dicimus Deum leonem vel ambulantem. Dico ergo quod verbum in divinis dicitur ad similitudinem nostri verbi ratione impositionis nominis, non propter ordinem rei, unde non oportet quod metaphorice dicatur.

11. Ad undecimum dicendum quod prolatio pertinet ad rationem verbi quantum ad id a quo imponitur nomen ex parte imponentis, non autem ex parte rei. Et ideo, quamvis prolatio dicatur metaphorice in divinis, non sequitur quod verbum metaphorice dicatur, sicut etiam Damascenus dicit quod nomen Deus dicitur ab 'ethin', quod est ardere, et tamen quamvis ardere dicatur metaphorice de Deo, non tamen hoc nomen Deus.

12. Ad duodecimum dicendum quod Verbum incarnatum comparatur verbo vocis propter quandam similitudinem tantum, ut ex dictis patet, et ideo Verbum incarnatum non potest dici verbum vocis nisi metaphorice; sed Verbum aeternum comparatur verbo cordis secundum veram rationem verbi interioris, et ideo verbum proprie dicitur utrobique.

mots de ce genre. Certains noms, cependant, signifient des réalités qui ne se rencontrent pas en Dieu mais on rencontre en lui quelque chose qui ressemble à ces réalités : les mots de cette sorte sont attribués à Dieu dans un sens métaphorique, par exemple, nous disons de Dieu qu'il est un lion ou qu'il marche[34]. J'affirme donc que, lorsqu'on parle d'un verbe en Dieu à la ressemblance* de notre verbe à nous, c'est en raison* de notre façon de donner le nom, et non en fonction de l'ordre de la réalité. Par conséquent, il ne faut pas parler [d'un verbe en Dieu] dans un sens métaphorique.

11. A la onzième objection, on doit répondre ceci : l'action de proférer appartient à la nature* du verbe quant à ce par quoi le nom est établi, non en rapport avec la chose, mais en rapport avec celui qui donne le nom. Et c'est pourquoi, bien que l'action de proférer soit dite de Dieu dans un sens métaphorique, il ne s'ensuit pas qu'un verbe soit attribué à Dieu dans un sens métaphorique. De la même manière, le Damascène[35] dit aussi que le nom de Dieu *[Theos]* vient de *ethin [aithein]* qui signifie brûler : et cependant, quoique le fait de brûler soit attribué à Dieu dans un sens métaphorique, il n'en est pourtant pas ainsi du nom de Dieu.

12. A la douzième objection, on doit répondre ceci : le Verbe incarné est comparé au verbe de la voix seulement en raison d'une certaine similitude*, comme il ressort de ce qui a été dit et c'est pourquoi le Verbe incarné ne peut être appelé verbe de la voix que dans un sens métaphorique. Mais le Verbe éternel est comparé au verbe* du cœur selon la vraie nature* du verbe intérieur, et c'est pourquoi l'on parle de verbe au sens propre du terme pour l'un comme pour l'autre.

ARTICULUS SECUNDUS

Secundo quaeritur utrum verbum in divinis dicatur essentialiter vel personaliter tantum. Et videtur quod etiam essentialiter possit dici quia nomen verbi a manifestatione imponitur, ut dictum est ; sed essentia divina potest se per se ipsam manifestare ; ergo ei per se verbum competit, et ita verbum essentialiter dicetur.

2. Praeterea, significatum per nomen est ipsa diffinitio, ut in IV Metaphysicae dicitur ; sed verbum, secundum Augustinum in IX De Trinitate, « est notitia cum amore », et secundum Anselmum in Monologion, « dicere summo Spiritui nihil est aliud quam cogitando intueri » ; in utraque autem diffinitione nihil ponitur nisi essentialiter dictum ; ergo verbum essentialiter dicitur.

3. Praeterea, quicquid dicitur est verbum ; sed Pater dicit non solum se ipsum sed etiam Filium et Spiritum Sanctum, ut Anselmus dicit in libro praedicto ; ergo verbum tribus personis commune est ; ergo essentialiter dicitur.

4. Praeterea, quilibet dicens habet verbum quod dicit, ut Augustinus dicit VII De Trinitate ; sed, sicut dicit Anselmus in Monologion, ' sicut Pater est intelligens et Filius intelligens et Spiritus Sanctus intelligens et tamen non tres intelligentes sed unus intelligens, ita Pater est dicens et Filius est dicens et Spiritus Sanctus est dicens et tamen non sunt tres dicentes sed unus dicens ' ; ergo cuilibet eorum respondet verbum ; sed nihil est commune tribus nisi essentia ; ergo verbum essentialiter dicitur in divinis.

5. Praeterea, in intellectu non differt dicere et intelligere ; sed verbum in divinis sumitur ad similitudinem verbi quod est in intellectu ; ergo nihil aliud est in Deo dicere quam

ARTICLE 2

En Dieu, le verbe est-il attribué à l'essence ou seulement à une personne[36] ?

On se demande en deuxième lieu si, en Dieu, le verbe est attribué à l'essence ou seulement à une personne. Et il semble que le verbe puisse être attribué même à l'essence.

1. En effet, le nom de verbe est établi à partir du fait qu'il y a manifestation, comme il a été dit[37]. Mais l'essence divine peut se manifester par elle-même : c'est donc à elle par nature qu'un verbe convient. Le verbe sera ainsi un attribut de l'essence.

2. De plus, ce qui est signifié par un nom, c'est la définition même [de la chose], comme il est dit au livre IV de la *Métaphysique*[38]. Mais, selon Augustin au livre IX de son traité *Sur la Trinité*, le verbe « est la connaissance unie à l'amour »[39] ; selon Anselme dans le *Monologion*, « pour l'Esprit très haut, dire n'est rien d'autre que regarder en pensant *(cogitando*)* »[40]. Or, dans l'une et l'autre définitions, on n'affirme rien si ce n'est ce qui est attribué à l'essence. Le verbe est donc un attribut de l'essence.

3. De plus, toute parole proférée, quelle qu'elle soit, constitue un verbe. Or, non seulement le Père se dit lui-même, mais il profère aussi le Fils et l'Esprit-Saint, comme l'affirme Anselme dans le traité cité ci-dessus[41]. Le verbe est par conséquent commun aux trois personnes ; il est donc un attribut de l'essence.

4. De plus, quiconque parle possède le verbe qu'il profère, comme l'expose Augustin au livre VII de son traité *Sur la Trinité*[42]. Mais, comme le dit Anselme dans le *Monologion* : « De même que le Père connaît et que le Fils connaît et que le Saint-Esprit connaît, et que cependant ils ne sont pas trois mais un à connaître, de même le Père profère et le Fils profère et le Saint-Esprit profère, et cependant ils ne sont pas trois mais un seul à proférer »[43]. Le verbe correspond donc à n'importe laquelle des personnes. Mais rien n'est commun aux trois [personnes] hormis l'essence. En Dieu, le verbe est donc attribué à l'essence.

5. De plus, dans [notre] intellect il n'y a pas de différence entre dire et connaître. Or, en Dieu, on considère le verbe comme étant à la similitude* du verbe* qui est dans [notre] intellect. En Dieu donc, dire n'est pas autre chose que connaître ; par conséquent, le verbe aussi

intelligere, ergo et verbum nihil aliud quam intellectum; sed intellectum in divinis essentialiter dicitur; ergo et verbum.

6. Praeterea, verbum divinum, ut Augustinus dicit, est potentia operativa Patris; sed potentia operativa essentialiter dicitur in divinis; ergo et verbum essentialiter dicitur.

7. Praeterea, sicut amor importat emanationem affectus ita verbum emanationem intellectus; sed amor in divinis essentialiter dicitur; ergo et verbum.

8. Praeterea, illud quod potest intelligi in divinis non intellecta distinctione personarum non dicitur personaliter; sed verbum est huiusmodi quia etiam illi qui negant distinctionem personarum ponunt quod Deus dicit se ipsum; ergo verbum non dicitur personaliter in Deo.

IN CONTRARIUM est quod Augustinus dicit in VI De Trinitate quod solus Filius dicitur Verbum, non autem simul Pater et Filius verbum; sed omne quod essentialiter dicitur communiter utrique convenit; ergo verbum non dicitur essentialiter.

2. Praeterea, Ioh. I[1] dicitur « Verbum erat apud Deum »; sed li apud cum sit praepositio transitiva distinctionem importat; ergo Verbum a Deo distinguitur; sed nihil distinguitur in divinis quod dicatur essentialiter; ergo verbum non dicitur essentialiter.

3. Praeterea, omne illud quod in divinis importat relationem personae ad personam dicitur personaliter non essentialiter; sed Verbum est huiusmodi; ergo etc.

4. Praeterea, ad hoc est etiam auctoritas Richardi de Sancto Victore qui ostendit in libro suo De Trinitate solum Filium Verbum dici.

RESPONSIO. Dicendum quod verbum secundum quod in divinis metaphorice dicitur prout ipsa creatura dicitur verbum manifestans Deum, procul dubio ad totam pertinet Trinitatem:

n'est rien d'autre que ce qui est connu. Mais ce qui est connu en Dieu est attribué à son essence. Il en est donc ainsi du verbe.

6. De plus, le verbe divin est, comme le dit Augustin[44], la puissance opérative* du Père. Mais la puissance opérative est en Dieu un attribut de l'essence; le verbe est donc aussi attribut essentiel.

7. De plus, de même que l'amour implique que quelque chose émane de la volonté, de même le verbe implique que quelque chose émane de l'intellect. Mais, en Dieu, l'amour est un attribut de l'essence; il en est donc ainsi du verbe.

8. De plus, lorsque n'est pas reconnue la distinction des personnes, ce qui peut être connu en Dieu n'est pas attribué à une personne. Mais le verbe est dans ce cas, puisque même ceux qui nient la distinction des personnes affirment que Dieu se dit lui-même. Le verbe, en Dieu, n'est donc pas attribué à une personne.

CEPENDANT :

1. Au livre VI de son traité *Sur la Trinité*[45], Augustin dit que le Fils seul est appelé Verbe, et non pas le Père et le Fils ensemble. Mais tout ce qui est attribué à l'essence convient en commun à l'un et à l'autre. On ne peut donc pas parler du verbe comme d'un attribut de l'essence.

2. De plus, il est dit en *Jn* 1,1 : « Le Verbe était auprès de Dieu ». Or, *auprès de* est une préposition transitive qui implique une distinction[46]. Le Verbe est donc reconnu comme distinct de Dieu. Mais rien de ce qui est attribué à l'essence ne peut, en Dieu, être reconnu comme distinct. Le verbe n'est donc pas un attribut de l'essence.

3. De plus, tout ce qui, en Dieu, implique une relation de personne à personne est affirmé comme attribut personnel et non comme attribut essentiel. Mais le Verbe implique une telle relation. Donc [la conclusion est la même que précédemment].

4. De plus, s'ajoute à cela l'autorité de Richard de Saint-Victor qui, dans son livre *Sur la Trinité*[47], montre que seul le Fils est appelé Verbe.

RÉPONSE :

Il faut dire que, lorsqu'un verbe est attribué à Dieu dans un sens métaphorique, par exemple quand la créature elle-même est appelée verbe manifestant Dieu, ce verbe se rapporte assurément à la Trinité

nunc autem quaerimus de verbo secundum quod proprie dicitur in divinis. Quaestio autem ista in superficie videtur esse planissima propter hoc quod verbum originem quandam importat secundum quam in divinis personae distinguuntur; sed interius considerata difficilior invenitur eo quod in divinis invenimus quaedam quae originem important non secundum rem sed secundum rationem tantum, sicut hoc nomen operatio, quae procul dubio importat aliquid procedens ab operante, et tamen iste processus non est nisi secundum rationem tantum, unde operatio in divinis non personaliter sed essentialiter dicitur, quia in Deo non differt essentia, virtus et operatio; unde non statim fit evidens utrum hoc nomen verbum processum realem importet sicut hoc nomen Filius, vel rationis tantum sicut hoc nomen operatio, et ita utrum personaliter vel essentialiter dicatur.

Unde ad huius notitiam sciendum est quod verbum intellectus nostri, secundum cuius similitudinem loqui possumus de verbo divino, est id ad quod operatio intellectus nostri terminatur, quod est ipsum intellectum, quod dicitur conceptio intellectus, sive sit conceptio significabilis per vocem incomplexam ut accidit quando intellectus format quiditates rerum, sive per vocem complexam ut accidit quando intellectus componit et dividit. Omne autem intellectum in nobis est aliquid realiter progrediens ab altero, vel sicut progrediuntur a principiis conceptiones conclusionum, vel sicut conceptiones quiditatum rerum posteriorum (a) quiditatibus priorum, vel saltem sicut conceptio actualis progreditur ab habituali cognitione; et hoc universaliter verum est de omni quod a nobis intelligitur, sive per essentiam intelligatur sive per similitudinem: ipsa enim conceptio est effectus actus intelligendi, unde etiam quando mens intelligit se ipsam, eius conceptio non est ipsa mens sed aliquid expressum a notitia mentis. Ita ergo verbum intellectus in nobis duo habet de sua ratione, scilicet quod est intellectum et quod est ab alio expressum. Si ergo secundum utriusque similitudinem verbum dicatur in divinis, tunc non solum importabitur per nomen verbi processus rationis sed etiam rei, si autem secundum similitudinem alterius tantum, scilicet quod est intellectum, sic hoc nomen

tout entière; mais notre recherche actuelle porte sur le verbe en tant qu'il est attribué à Dieu dans son sens propre.

Or, vue de manière superficielle, la question paraît très facile, étant donné qu'un verbe implique une origine déterminée selon laquelle les personnes sont reconnues en Dieu comme distinctes. Mais, examinée en profondeur, la question se révèle plus difficile, du fait que nous trouvons en Dieu certaines choses qui impliquent une origine conformément, non à la réalité, mais seulement à [notre] raison*: par exemple, le nom d'opération* implique incontestablement que quelque chose procède de l'agent qui opère, et pourtant ce processus n'existe que selon la raison; parce que, en Dieu, il n'y a pas de distinction entre essence, puissance et opération, il s'ensuit qu'une opération est attribuée en Dieu, non à une personne, mais à l'essence. Par conséquent, il n'est pas immédiatement évident de savoir si le nom de verbe implique un processus réel, comme c'est le cas pour le nom de Fils, ou s'il implique un processus de raison seulement, comme pour le nom d'opération, et ainsi s'il est un attribut de la personne ou de l'essence.

D'où la nécessité, pour parvenir à la connaissance sur ce point, de savoir que le verbe* de notre intellect, qui nous permet de parler du verbe divin en raison de sa similitude* avec lui, représente le terme de l'opération de notre intellect, c'est-à-dire cela même qui est connu, ce qui est appelé aussi conception de l'intellect. Cette conception peut être signifiée, soit par une expression simple comme dans le cas où l'intellect élabore la quiddité des choses, soit par un discours complexe comme il arrive lorsque l'intellect compose et divise[48]. Or, en nous, tout ce qui est connu procède en réalité d'autre chose[49], soit comme les conceptions de conclusions procèdent des principes, soit comme les conceptions de quiddités de choses nouvelles procèdent des quiddités de choses antérieurement connues, soit au moins comme la conception actuelle procède de la connaissance habituelle. Ceci est universellement vrai pour tout ce que nous connaissons*, que ce soit par essence ou par similitude[50]: la conception elle-même résulte, en effet, de l'acte de connaître et par conséquent, même quand l'esprit se connaît lui-même, la conception correspondante n'est pas l'esprit lui-même mais quelque chose venant de la connaissance de celui-ci.

Ainsi donc, en nous, le verbe* de l'intellect comporte de par sa nature* deux aspects, à savoir qu'il est ce qui est connu et qu'il est ce qui provient d'autre chose. Si donc on parle d'un verbe en Dieu selon la similitude* de l'un et l'autre aspects, alors le nom de verbe impliquera, non seulement un processus de raison, mais aussi un processus réel. Si, cependant, on ne parle d'un verbe en Dieu que selon l'un de ces aspects, à savoir qu'il est ce qui est connu, alors le nom de verbe

verbum in divinis non importabit processum realem sed rationis tantum sicut et hoc nomen intellectum; sed hoc non erit secundum propriam verbi acceptionem quia si aliquid eorum quae sunt de ratione alicuius auferatur iam non erit propria acceptio; unde verbum si proprie accipiatur in divinis non dicitur nisi personaliter, si autem accipiatur communiter poterit etiam dici essentialiter. Sed tamen quia, « nominibus utendum ut plures » secundum Philosophum, usus maxime est aemulandus in significationibus nominum, et quia omnes sancti communiter utuntur nomine verbi prout personaliter dicitur, ideo hoc magis dicendum est quod personaliter dicatur.

1. Ad primum igitur dicendum quod verbum de ratione sui non solum habet manifestationem sed realem processum unius ab alio, et quia essentia non realiter progreditur a se ipsa quamvis manifestet se ipsam, non potest essentia verbum dici nisi ratione identitatis essentiae ad personam sicut etiam dicitur Pater et Filius.

2. Ad secundum dicendum quod notitia quae ponitur in diffinitione verbi est intelligenda notitia expressa ab alio quae est in nobis notitia actualis : quamvis autem sapientia vel notitia essentialiter dicatur in divinis, tamen sapientia genita non dicitur nisi personaliter. Similiter etiam quod Anselmus dicit quod « dicere est cogitando intueri » est intelligendum si proprie dicere accipiatur de intuitu cogitationis secundum quod per ipsum aliquid progreditur, scilicet cogitatum ipsum.

3. Ad tertium dicendum quod conceptio intellectus est media inter intellectum et rem intellectam quia ea mediante operatio intellectus pertingit ad rem : et ideo conceptio intellectus non solum est id quod intellectum est sed etiam id quo res intelligitur, ut sic id quod intelligitur possit dici et res ipsa et conceptio intellectus; et similiter id quod dicitur potest dici et res quae dicitur per verbum et verbum ipsum, ut etiam in verbo exteriori patet quia et ipsum nomen dicitur et res

n'impliquera pas en Dieu de processus réel mais seulement un processus de raison comme l'expression même *ce qui est connu*; mais le verbe ne sera pas pris en son sens propre, car il ne peut s'agir du sens propre d'un mot s'il lui manque quelque aspect faisant partie de sa nature*. Par conséquent, si le verbe est pris au sens propre en Dieu, on ne peut en parler que comme attribut d'une personne; si, cependant, il est pris au sens large, on pourra aussi l'attribuer à l'essence. Mais néanmoins, puisque, d'après le Philosophe[51], il faut «se servir des noms comme le plus grand nombre le fait», on doit suivre le plus possible l'usage dans les significations des noms. Et parce que tous les saints emploient d'un commun accord le nom de verbe comme attribut d'une personne, on doit d'autant plus dire qu'il est attribué à une personne[52].

RÉPONSE AUX OBJECTIONS:

1. A la première objection, on doit répondre ceci: un verbe comporte de par sa nature*, non seulement une manifestation, mais aussi un processus réel d'une chose à partir d'une autre. Parce que l'essence ne procède pas réellement d'elle-même, bien qu'elle se manifeste elle-même, on ne peut appeler l'essence verbe si ce n'est en raison de l'identité de l'essence avec la personne, comme l'essence est dite aussi Père ou Fils.

2. A la deuxième objection, on doit répondre que la connaissance qui est affirmée dans la définition du verbe doit être comprise comme une connaissance provenant d'autre chose, et cette connaissance constitue chez nous la connaissance en acte*. Or, bien que la sagesse ou la connaissance soient, en Dieu, des attributs de l'essence, la sagesse engendrée ne peut cependant être attribuée qu'à une personne. Pareillement encore, l'affirmation d'Anselme: «Dire est regarder en pensant» est à entendre en prenant «dire» dans le sens particulier du regard de la pensée *(cogitatio*)* par lequel quelque chose procède, à savoir cela même qui est pensé.

3. A la troisième objection, on doit répondre ceci: la conception intellectuelle est un intermédiaire entre l'intellect et la réalité connue parce que, par cette médiation, l'opération* intellectuelle atteint la réalité. C'est pourquoi la conception de l'intellect est, non seulement ce qui est connu, mais aussi ce par quoi la réalité est connue, comme on peut dire aussi que ce qui est connu est à la fois la réalité elle-même et la conception intellectuelle. Pareillement, on peut affirmer que ce qui est dit est à la fois la réalité exprimée par le verbe et le verbe lui-même, comme cela est évident dans le cas du verbe extérieur, parce

significata per nomen dicitur ipso nomine. Dico igitur quod Pater dicitur non sicut verbum sed sicut res dicta per verbum, et similiter Spiritus Sanctus quia Filius manifestat totam Trinitatem, unde Pater dicit Verbo uno suo omnes tres personas.

4. Ad quartum dicendum quod in hoc videtur contrariari Anselmus sibi ipsi : dicit enim quod verbum non dicitur nisi personaliter et convenit soli Filio sed dicere convenit tribus personis ; dicere autem nihil est aliud quam ex se emittere verbum. Similiter etiam verbo Anselmi contrariatur verbum Augustini in VII De Trinitate ubi dicit quod non singulus in Trinitate est dicens sed Pater Verbo suo : unde sicut verbum proprie dictum non dicitur nisi personaliter in divinis et convenit soli Filio, ita et dicere et soli Patri convenit. Sed Anselmus accepit dicere communiter pro intelligere et verbum proprie, et potuisset facere e converso si ei placuisset.

5. Ad quintum dicendum quod in nobis dicere non solum significat intelligere sed intelligere cum hoc quod est ex se exprimere aliquam conceptionem, nec aliter possumus intelligere nisi huiusmodi conceptionem exprimendo, et ideo omne intelligere in nobis proprie loquendo est dicere. Sed Deus potest intelligere sine hoc quod aliquid ex ipso procedat secundum rem quia in eo idem est intelligens et intellectum et intelligere, quod in nobis non accidit, et ideo non omne intelligere in Deo proprie loquendo dicitur dicere.

6. Ad sextum dicendum quod sicut verbum non dicitur notitia Patris nisi notitia genita ex Patre, ita et dicitur et virtus operativa Patris quia est virtus procedens a Patre virtute, virtus autem procedens personaliter dicitur et similiter potentia operativa procedens a Patre.

7. Ad septimum dicendum quod dupliciter aliquid potest procedere ab altero, uno modo sicut actio ab agente vel operatio ab operante, alio sicut operatum ab operante : processus ergo operationis ab operante non distinguit rem per se existentem ab alia re per se existente sed distinguit perfec-

que par le nom lui-même sont exprimés à la fois le nom et la réalité signifiée par le nom. Je dis donc qu'on parle du Père, non comme d'un verbe, mais comme d'une réalité dite par un verbe, et il en est de même de l'Esprit-Saint parce que le Fils manifeste la Trinité tout entière. En conséquence, par son Verbe unique, le Père dit l'ensemble des trois personnes.

4. A la quatrième objection, on doit répondre qu'apparemment Anselme se contredit lui-même en ceci : il dit, en effet, qu'un verbe n'est attribué qu'à une personne et convient au seul Fils, mais que le terme de dire convient aux trois personnes. Or, dire n'est rien d'autre qu'émettre hors de soi un verbe. Au discours d'Anselme s'opposent encore, d'une manière semblable, les paroles d'Augustin au livre VII de son traité *Sur la Trinité*[53] où il est dit que, au sein de la Trinité, ce n'est pas chaque personne qui profère, mais le Père par son Verbe. Par conséquent, de même qu'un verbe dans son sens propre n'est attribué en Dieu qu'à une personne et convient au seul Fils, de même aussi le terme de dire ne convient qu'au seul Père. Mais Anselme a pris ce dernier terme au sens large de connaître et le verbe au sens propre : il aurait pu faire l'inverse si cela lui avait plu.

5. A la cinquième objection, on doit répondre ceci : pour nous, dire signifie non seulement connaître, mais à la fois connaître et exprimer hors de soi une conception, et nous ne pouvons connaître autrement qu'en exprimant une telle conception ; c'est pourquoi, en nous, tout ce qui est de l'ordre du connaître est, à proprement parler, de l'ordre du dire. Mais Dieu peut connaître sans que rien ne procède réellement de lui-même parce que, en lui, il y a identité entre celui qui connaît, ce qui est connu et le fait de connaître, ce qui n'est pas le cas pour nous. Pour cette raison, en Dieu, tout ce qui est de l'ordre du connaître ne peut, à proprement parler, être affirmé comme étant de l'ordre du dire.

6. A la sixième objection, on doit répondre ceci : de même que le Verbe n'est appelé connaissance du Père que dans le sens de connaissance engendrée par le Père, de même aussi il est appelé puissance opérative* du Père parce qu'il est puissance procédant du Père [lui-même] puissance[54]. Or, une puissance qui procède est attribuée à une personne, et il en est ainsi de la puissance opérative procédant du Père.

7. A la septième objection, on doit répondre ceci : une chose peut procéder d'une autre de deux façons, soit comme une action procède d'un agent ou une opération* de celui qui l'accomplit, soit comme une œuvre procède de celui qui la réalise. De plus, dans le processus de l'opération accomplie par l'agent opérant, on ne discerne pas deux réalités existant par elles-mêmes mais on distingue une perfection et

tionem a perfecto quia operatio est perfectio operantis, sed processus operati distinguit unam rem ab alia; in divinis autem non potest esse secundum rem distinctio perfectionis a perfectibili, inveniuntur tamen in Deo res ab invicem distinctae, scilicet tres personae; et ideo processus qui significatur in divinis ut operationis ab operante non est nisi rationis tantum, sed processus qui significatur ut rei a principio potest in Deo realiter inveniri. Haec autem est differentia inter intellectum et voluntatem quod operatio voluntatis terminatur ad res, in quibus est bonum et malum, sed operatio intellectus terminatur in mente, in qua est verum et falsum, ut dicitur in VI Metaphysicae; et ideo voluntas non habet aliquid progrediens a se ipsa quod in ea sit nisi per modum operationis, sed intellectus habet in se ipso aliquid progrediens ab eo non solum per modum operationis sed etiam per modum rei operatae; et ideo verbum significatur ut res procedens sed amor ut operatio procedens; unde amor non ita se habet ad hoc ut dicatur personaliter sicut verbum.

8. Ad octavum dicendum quod non intellecta distinctione personarum non proprie Deus dicet se ipsum, nec proprie hoc a quibusdam intelligitur qui distinctionem personarum in Deo non ponunt.

1. Ad ea vero quae in contrarium obiciuntur posset de facili responderi si quis vellet contrarium sustinere. Ad hoc enim quod obicit de verbis Augustini posset dici quod Augustinus accipit verbum secundum quod importat realem originem.

2. Ad secundum posset dici quod, etsi haec praepositio apud importet distinctionem, haec tamen distinctio non importatur in nomine verbi : unde ex hoc quod Verbum dicitur esse apud Patrem non potest concludi quod verbum personaliter dicatur, quia etiam dicitur Deus de Deo et Deus apud Deum.

3. Ad tertium potest dici quod relatio illa est rationis tantum.

4. Ad quartum sicut ad primum.

celui qui est perfectionné puisque toute opération perfectionne celui qui opère. Mais, dans le processus aboutissant à l'œuvre, on distingue l'une de l'autre deux réalités. Or, en Dieu, il ne peut y avoir de distinction réelle entre une perfection et un être perfectible; cependant, on trouve en lui des réalités distinctes les unes des autres, à savoir les trois personnes. C'est pourquoi, en Dieu, le processus qui est indiqué comme celui d'une opération effectuée par celui qui opère n'est un processus que selon [notre] raison*, mais on peut réellement rencontrer en Dieu le processus désigné comme celui d'une réalité procédant de son principe. Or, voici la différence entre l'intellect et la volonté: l'opération de la volonté se termine à des choses dans lesquelles se trouvent le bien et le mal, mais l'opération intellectuelle se termine dans l'esprit dans lequel sont le vrai et le faux, comme il est dit au livre VI de la *Métaphysique*[55]. Et, pour cette raison, la volonté n'a rien, procédant d'elle-même, qui soit en elle autrement que par mode d'opération, mais l'intellect comporte en lui-même quelque chose qui procède de lui, non seulement par mode d'opération, mais aussi par mode de réalité produite. C'est pourquoi le verbe est désigné comme une réalité qui procède, mais l'amour comme une opération qui procède. Par conséquent, l'amour n'est pas tel qu'il soit, comme le verbe, attribué à une personne[56].

8. A la huitième objection, on doit répondre ceci: si la distinction des personnes n'est pas reconnue, Dieu ne se dit pas lui-même à proprement parler, et cela n'est pas connu dans son sens propre par ceux qui ne posent pas la distinction des personnes en Dieu.

RÉPONSE AUX OBJECTIONS CONTRAIRES:

On pourrait facilement répondre aux objections contraires proposées, si quelqu'un voulait soutenir les thèses opposées:

1. Relativement à l'objection concernant les paroles d'Augustin, on pourrait dire, en effet, que cet auteur considère le verbe en tant qu'il implique une origine réelle.

2. A la deuxième objection, on pourrait dire que, même si la préposition *auprès de* implique une distinction, celle-ci n'est cependant pas impliquée par le nom de verbe. On ne peut donc pas conclure, du fait que le Verbe est affirmé comme étant auprès du Père, que le verbe est un attribut personnel, parce qu'il [le Verbe] est appelé aussi Dieu de Dieu et Dieu auprès de Dieu.

3. A la troisième objection, on peut répondre que la relation dont il est question est seulement une relation* de raison.

4. A la quatrième objection, [on peut répondre] comme à la première.

ARTICULUS TERTIUS

Tertio quaeritur utrum verbum Spiritui Sancto conveniat. Et videtur quod sic : sicut enim dicit Basilius in III Sermone de Spiritu Sancto : « Sicut Filius se habet ad Patrem, eodem modo Spiritus se habet ad Filium, et propter hoc Dei quidem verbum Filius, verbum autem Filii Spiritus »; ergo Spiritus Sanctus dicitur verbum.

2. Praeterea, Hebr. I[3] dicitur de Filio « Cum sit splendor gloriae et figura substantiae eius portansque omnia verbo virtutis suae »: ergo Filius habet verbum a se procedens quo omnia portantur ; sed in divinis non procedit a Filio nisi Spiritus Sanctus ; ergo Spiritus Sanctus dicitur verbum.

3. Praeterea, verbum, ut dicit Augustinus IX De Trinitate, « est notitia cum amore »; sed sicut notitia appropriatur Filio ita amor Spiritui Sancto ; ergo sicut verbum convenit Filio ita et Spiritui Sancto.

4. Praeterea, Hebr. I[3] super illud « Portans omnia verbo virtutis suae », dicit glosa quod verbum accipitur ibi pro « imperio »; sed imperium ponitur inter signa voluntatis ; cum ergo Spiritus Sanctus per modum voluntatis procedat videtur quod verbum possit dici.

5. Praeterea, verbum de sui ratione manifestationem importat ; sed sicut Filius manifestat Patrem ita Spiritus Sanctus manifestat Patrem et Filium, unde dicitur Ioh. XVI[13] quod Spiritus Sanctus « docet omnem veritatem »; ergo Spiritus Sanctus debet dici verbum.

SED CONTRA est quod Augustinus dicit VI De Trinitate quod « Filius eo dicitur verbum quo Filius »; sed Filius dicitur Filius eo quod genitus ; ergo et verbum dicitur eo quod est genitus ; sed Spiritus Sanctus non est genitus ; ergo non est verbum.

ARTICLE 3

Le nom de verbe convient-il à l'Esprit-Saint[57] ?

On se demande en troisème lieu si le nom de verbe convient à l'Esprit-Saint. Il semble que oui.

1. Dans son *Sermon III sur l'Esprit-Saint*, Basile dit en effet: « C'est de la même manière que le Fils se rapporte au Père et que l'Esprit se rapporte au Fils ; à cause de cela, le Fils étant le verbe de Dieu, l'Esprit est aussi le verbe du Fils »[58]. L'Esprit-Saint est donc appelé verbe.

2. De plus, il est dit en *He* 1,3 au sujet du Fils : « Splendeur de sa gloire et figure de sa substance, il porte tout par son verbe puissant ». Le Fils possède donc un verbe procédant de lui, par lequel tout est porté. Mais, en Dieu, il ne procède du Fils que l'Esprit-Saint. Celui-ci est donc appelé verbe.

3. De plus, comme le dit Augustin au livre IX de son traité *Sur la Trinité*, le verbe « est la connaissance unie à l'amour »[59]. Mais, de même que la connaissance est appropriée* au Fils, de même l'amour est approprié à l'Esprit-Saint. Donc, de même que le [terme de] verbe convient au Fils, de même il convient aussi à l'Esprit-Saint.

4. De plus, au sujet de *He* 1,3 : « Il porte tout par son verbe puissant », la *Glose*[60] dit que le mot de verbe est pris ici dans le sens d'autorité. Mais l'autorité est placée parmi les signes de la volonté[61]. Donc, comme l'Esprit-Saint procède par mode de volonté, il semble qu'il puisse être appelé verbe.

5. De plus, un verbe implique de par sa nature* qu'il y a manifestation. Mais, de même que le Fils manifeste le Père, de même l'Esprit-Saint manifeste le Père et le Fils, d'où il est dit en *Jn* 16,13 que l'Esprit-Saint « enseigne toute vérité ». L'Esprit-Saint doit donc être appelé verbe.

CEPENDANT :

Dans le livre VI de son traité *Sur la Trinité*, Augustin dit que « le Fils est appelé verbe du fait qu'il est Fils »[62]. Or, le Fils est appelé Fils parce qu'il est engendré. Il est donc aussi appelé verbe du fait qu'il est engendré. Mais l'Esprit-Saint n'est pas engendré ; il n'est donc pas verbe.

RESPONSIO. Dicendum quod usus horum nominum, scilicet verbum et imago, aliter est apud nos et sanctos nostros et aliter apud antiquos doctores graecorum : illi enim usi sunt nomine verbi et imaginis pro omni eo quod in divinis procedit, unde indifferenter Spiritum Sanctum et Filium verbum et imaginem appellabant ; sed nos et sancti nostri in usu nominum horum aemulamur consuetudinem canonicae Scripturae, quae aut vix aut numquam verbum aut imaginem ponit nisi pro Filio. Et de imagine quidem ad praesentem quaestionem non pertinet, sed de verbo satis rationabilis usus noster apparet. Verbum enim manifestationem quandam importat. Manifestatio autem per se non invenitur nisi in intellectu : si enim aliquid quod est extra intellectum manifestare dicatur, hoc non est nisi secundum quod ex ipso aliquid in intellectu relinquitur ; proximum ergo manifestans est in intellectu, sed remotum potest esse etiam extra eum. Et ideo nomen verbi proprie dicitur de eo quod procedit ab intellectu, quod vero ab intellectu non procedit non potest dici verbum nisi metaphorice, in quantum scilicet est aliquo modo manifestans. Dico ergo quod in divinis solus Filius procedit per viam intellectus, quia procedit ab uno : Spiritus enim Sanctus, qui procedit a duobus, procedit per viam voluntatis, et ideo Spiritus Sanctus non potest dici verbum nisi metaphorice secundum quod omne manifestans verbum dicitur, et hoc modo exponenda est auctoritas Basilii.

1. Et sic patet responsio ad primum.

2. Ad secundum dicendum quod verbum secundum Basilium accipitur ibi pro Spiritu Sancto, et sic dicendum sicut ad primum. Vel potest dici secundum glosam quod accipitur pro imperio Filii, quod metaphorice dicitur verbum quia verbo consuevimus imperare.

RÉPONSE :

On doit dire ceci : autre est l'usage qui est fait de ces noms de verbe et d'image chez nous et nos saints[63], autre est celui qui en a été fait chez les anciens docteurs grecs[64]. Ces derniers, en effet, ont employé les noms de verbe et d'image pour tout ce qui procède en Dieu, dès lors ils ont appelé indifféremment verbe et image l'Esprit-Saint et le Fils. Mais nous et nos saints suivons, dans l'usage de ces noms, la coutume de l'Ecriture canonique qui ne donne pour ainsi dire jamais les noms de verbe et d'image si ce n'est pour le Fils. Il n'appartient pas, en fait, à la présente question de traiter de l'image mais, en ce qui concerne le verbe, l'usage que nous en faisons apparaît très raisonnable.

Un verbe, en effet, implique qu'il y a une certaine manifestation. Or, on ne trouve de manifestation en tant que telle que dans l'intellect : en effet, si l'on parle de manifestation à propos d'une chose située en-dehors de l'intellect, c'est seulement dans la mesure où quelque élément venant de cette chose est demeuré dans l'intellect[65]. Ce qui manifeste de façon immédiate se trouve donc dans l'intellect, mais il peut exister aussi en-dehors de celui-ci ce qui manifeste de manière plus lointaine.

Et c'est pourquoi le nom de verbe est attribué au sens propre à ce qui procède de l'intellect, tandis que ce qui ne procède pas de l'intellect ne peut être appelé verbe que dans un sens métaphorique, dans la mesure où, d'une façon ou d'une autre, il y a manifestation. Je dis donc que, en Dieu, seul le Fils procède par voie d'intellect parce qu'il procède d'un seul. L'Esprit-Saint, en effet, qui procède de deux, procède par voie de volonté et, pour cette raison, il ne peut être appelé verbe que dans le sens métaphorique selon lequel toute chose qui manifeste est dite verbe : c'est de cette manière qu'on doit expliquer les paroles de Basile[66].

RÉPONSE AUX OBJECTIONS :

1. La réponse à la première objection est donnée ainsi clairement.

2. A la seconde objection, on doit répondre que, comme Basile le fait[67], le verbe est pris ici pour l'Esprit-Saint, et la réponse doit être donc la même qu'à la première objection. Ou encore, en suivant la *Glose*[68], on peut dire que le verbe est pris pour l'autorité du Fils, autorité qui est dite verbe par métaphore parce que nous avons l'habitude de commander par un verbe.

3. Ad tertium dicendum quod notitia est de ratione verbi quasi importans essentiam verbi; sed amor est de ratione verbi non quasi pertinens ad essentiam eius sed quasi concomitans ipsum ut ipsa auctoritas inducta ostendit; et ideo non potest concludi quod Spiritus Sanctus sit verbum sed quod procedat ex Verbo.

4. Ad quartum dicendum quod verbum manifestat non solum quod est in intellectu sed etiam quod est in voluntate secundum quod ipsa voluntas est etiam intellecta, et ideo imperium, quamvis sit signum voluntatis, tamen potest dici verbum et ad intellectum pertinet.

5. Ad quintum patet solutio ex dictis.

3. A la troisième objection, on doit répondre que la connaissance fait partie de la définition* du verbe comme impliquant l'essence du verbe, mais l'amour fait partie de la définition du verbe, non pas comme appartenant à son essence, mais comme accompagnant le verbe lui-même, ainsi que le font voir les paroles mêmes [d'Augustin] introduites [dans l'objection]. C'est pourquoi l'on peut conclure, non que l'Esprit-Saint est verbe, mais qu'il procède du verbe.

4. A la quatrième objection, on doit répondre ceci : le verbe manifeste, non seulement ce qui est dans l'intellect, mais aussi ce qui se trouve dans la volonté, en tant que cette volonté elle-même est aussi connue. C'est pourquoi l'autorité, bien qu'elle soit un signe de la volonté, peut cependant être appelée verbe et elle relève de l'intellect.

5. La solution de la cinquième objection découle de manière évidente de ce qui a été dit.

ARTICULUS QUARTUS

Quarto quaeritur utrum Pater dicat creaturam Verbo quo dicit se. Et videtur quod non quia cum dicimus ' Pater dicit se ' non significatur ibi nisi dicens et dictum, et ex utraque parte significatur Pater tantum : cum ergo Pater non producat ex se Verbum nisi secundum quod dicit se, videtur quod Verbo quod ex Patre procedit non dicatur creatura.

2. Praeterea, verbum quo unumquodque dicitur est similitudo illius ; sed Verbum non potest dici similitudo creaturae, ut Anselmus probat in Monologion, quia vel Verbum perfecte conveniret cum creaturis et sic esset mutabile sicut et creaturae et periret in eo summa immutabilitas, vel non summe conveniret et sic non esset in eo summa veritas quia similitudo tanto verior est quanto magis convenit cum eo cuius est similitudo ; ergo Filius non est verbum quo creatura dicatur.

3. Praeterea, verbum creaturarum in Deo dicitur hoc modo sicut verbum artificiatorum in artifice ; sed verbum artificiatorum in artifice non est nisi dispositio de artificiatis ; ergo et verbum creaturarum in Deo non est nisi dispositio de creaturis ; sed dispositio de creaturis in Deo essentialiter dicitur et non personaliter ; ergo verbum quo creaturae dicuntur non est Verbum quod personaliter dicitur.

4. Praeterea, verbum omne ad id quod per verbum dicitur habet habitudinem vel exemplaris vel imaginis, exemplaris quidem quando verbum est causa rei, sicut accidit in intellectu practico, imaginis autem quando causatur a re, sicut accidit in nostro intellectu speculativo ; sed in Deo non potest esse verbum creaturae quod sit creaturae imago ; ergo oportet quod verbum creaturae in Deo sit creaturae exemplar ; sed exemplar creaturae in Deo est idea ; ergo verbum creaturae in Deo nihil

ARTICLE 4

Le Père profère-t-il la créature par le Verbe par lequel il se dit[69] ?

On se demande en quatrième lieu si le Père profère la créature par le Verbe par lequel il se dit. Il semble que non.

1. En effet, lorsque nous disons : « Le Père se dit », il n'est signifié par là rien d'autre que celui qui parle et ce qui est dit et, d'un côté comme de l'autre, seul le Père est désigné. Donc, puisque le Père ne produit le Verbe hors de lui que selon qu'il se dit, il semble que, par le Verbe qui procède du Père, la créature ne soit pas proférée.

2. De plus, le verbe par lequel chaque chose est dite est une similitude* de cette chose. Mais le Verbe ne peut être appelé une similitude de la créature, comme Anselme le prouve dans le *Monologion*[70] : en effet, ou bien il y aurait une concordance parfaite entre le Verbe et les créatures et, dans ce cas, le Verbe serait soumis au changement comme elles et sa souveraine immutabilité disparaîtrait, ou bien il n'y aurait pas de concordance au plus haut degré, et alors il n'y aurait pas en lui de vérité éminente puisqu'une similitude est d'autant plus vraie qu'elle correspond davantage à ce dont elle est la similitude. Le Fils n'est donc pas le verbe par lequel la créature est proférée.

3. De plus, on parle en Dieu du verbe des créatures de la même manière dont on parle du verbe des œuvres de l'art chez l'artisan. Or, ce verbe des œuvres chez l'artisan n'est autre que la disposition* concernant ces œuvres. Le verbe des créatures en Dieu n'est donc non plus rien d'autre que la disposition concernant les créatures. Mais cette disposition est attribuée en Dieu à l'essence et non à la personne. Par conséquent, le verbe par lequel sont proférées les créatures n'est pas le Verbe qui est attribué à une personne.

4. De plus, tout verbe a un rapport, soit de modèle, soit d'image, avec ce qui est proféré par lui. Il a un rapport de modèle lorsqu'il est cause d'une chose, comme c'est le cas pour l'intellect pratique, tandis qu'il a un rapport d'image lorsqu'il est causé par une chose, comme cela se produit dans notre intellect spéculatif. Mais, en Dieu, il ne peut y avoir de verbe de la créature qui soit l'image de la créature. Il faut donc que, en Dieu, le verbe de la créature soit le modèle de celle-ci. Mais le modèle de la créature, en Dieu, c'est l'idée*. Par conséquent, le

est aliud quam idea; idea autem non dicitur in divinis personaliter sed essentialiter; ergo Verbum personaliter dictum in divinis quo Pater dicit se ipsum, non est verbum quo dicuntur creaturae.

5. Praeterea, magis distat creatura a Deo quam ab aliqua alia creatura; sed diversarum creaturarum sunt plures ideae in Deo; ergo et non est idem verbum quo Pater se et creaturam dicit.

6. Praeterea, secundum Augustinum, eo dicitur Verbum quo Imago; sed Filius non est imago creaturae sed solius Patris; ergo Filius non est verbum creaturae.

7. Praeterea, omne verbum procedit ab eo cuius est verbum; sed Filius non procedit a creatura; ergo non est verbum quo creatura dicatur.

SED CONTRA, Anselmus dicit quod Pater dicendo se dixit omnem creaturam; sed Verbum quo se dixit est Filius; ergo Verbo quod est Filius dicit omnem creaturam.

2. Praeterea, Augustinus sic exponit 'Dixit et factum est': id est Verbum genuit in quo erat ut fieret; ergo Verbo quod est Filius dixit omnem creaturam.

3. Praeterea, eadem est conversio artificis ad artem et ad artificiatum; sed ipse Deus est ars aeterna a qua creaturae producuntur sicut artificiata quaedam; ergo Pater eadem conversione convertitur ad se et ad omnes creaturas, et sic dicendo se dicit omnes creaturas.

4. Praeterea, omne posterius reducitur ad id quod est primum in aliquo genere sicut ad causam; sed creaturae dicuntur a Deo; ergo reducuntur ad primum quod a Deo dicitur; sed ipse primo se ipsum dicit; ergo per hoc quod dicit se dicit omnes creaturas.

RESPONSIO. Dicendum quod Filius procedit a Patre et per modum naturae in quantum procedit ut Filius, et per modum intellectus in quantum procedit ut Verbum. Uterque autem processionis modus apud nos invenitur, quamvis non quantum

verbe de la créature n'est en Dieu rien d'autre que l'idée. Or, l'idée est attribuée en Dieu, non à la personne, mais à l'essence. Le Verbe, dont on parle en Dieu comme d'un attribut personnel et par lequel le Père se dit lui-même, n'est donc pas le verbe par lequel sont proférées les créatures.

5. De plus, la créature est à plus grande distance de Dieu que de quelque autre créature. Mais aux différentes créatures correspondent plusieurs idées* en Dieu[71]. Donc, aussi, ce n'est pas le même verbe par lequel le Père se dit et par lequel il profère la créature.

6. De plus, d'après Augustin[72], il [le Fils] est appelé Verbe du fait qu'il est Image. Mais le Fils n'est pas l'image de la créature, mais celle du seul Père. Le Fils n'est donc pas le verbe de la créature.

7. De plus, tout verbe procède de ce dont il est le verbe. Mais le Fils ne procède pas de la créature : il n'est donc pas le verbe par lequel la créature est proférée.

CEPENDANT :

1. Anselme affirme que le Père, en se disant, a proféré toute créature[73]. Mais le Verbe par lequel il s'est dit, c'est le Fils. C'est donc par le Verbe qui est Fils qu'il [le Père] profère toute créature.

2. De plus, Augustin explique ainsi [la phrase] « Il dit, et cela fut fait »[74] : il [le Père] engendra le Verbe par lequel il était possible que cela fût fait[75]. C'est donc par le Verbe qui est Fils que [le Père] a proféré toute créature.

3. De plus, c'est dans un même mouvement que l'artisan se tourne vers l'art et vers l'œuvre. Mais Dieu lui-même est l'art éternel par lequel les créatures sont produites comme autant d'œuvres. C'est donc dans un même mouvement que le Père se tourne vers lui et vers toutes ses créatures. Ainsi, en se disant, il profère toutes les créatures.

4. De plus, tout ce qui vient en second, dans un genre donné, peut être ramené à ce qui existe en premier comme à sa cause. Or, les créatures sont proférées par Dieu : elles peuvent donc être ramenées à ce qui est proféré en premier par lui. Mais Dieu se dit d'abord lui-même. C'est donc par ce qu'il se dit qu'il profère toutes les créatures.

RÉPONSE :

On doit dire que le Fils procède du Père et par mode de nature en tant qu'il procède comme Fils, et par mode d'intellect en tant qu'il procède comme Verbe. Nous trouvons d'ailleurs chez nous ces deux manières de procéder, bien qu'elles n'aboutissent pas dans ce cas à une

ad idem : nihil enim est apud nos quod per modum intellectus et naturae ex alio procedat quia intelligere et esse non est idem apud nos sicut apud Deum. Uterque autem modus processionis habet similem differentiam secundum quod in nobis et in Deo invenitur : filius enim hominis qui a patre homine per viam naturae procedit, non habet in se totam substantiam patris sed partem substantiae eius recipit ; Filius autem Dei in quantum per viam naturae procedit a Patre, totam in se naturam Patris recipit ut sic sint naturae unius numero Filius et Pater. Et similis differentia invenitur in processu qui est per viam intellectus. Verbum enim quod in nobis exprimitur per actualem considerationem quasi exortum ex aliqua priorum consideratione vel saltem cognitione habituali, non totum in se recipit quod est in eo a quo oritur : non enim quicquid habituali cognitione tenemus, hoc totum exprimit intellectus in unius verbi conceptione sed aliquid eius ; similiter in consideratione unius conclusionis non exprimitur omne id quod erat virtutis in principiis. Sed in Deo ad hoc quod verbum eius perfectum sit oportet quod verbum eius exprimat quicquid continetur in eo ex quo exoritur, et praecipue cum Deus omnia uno intuitu videat non divisim : sic igitur oportet quod quicquid in scientia Patris continetur, totum hoc per unum ipsius verbum exprimatur et hoc modo quo in scientia continetur ut sit verbum verum suo principio correspondens ; per scientiam autem suam Pater scit se et cognoscendo se omnia alia cognoscit ; unde et verbum ipsius exprimit ipsum Patrem principaliter et consequenter omnia alia quae cognoscit Pater cognoscendo se ipsum, et sic Filius ex hoc ipso quod est verbum perfecte exprimens Patrem exprimit omnem creaturam ; et hic ordo ostenditur in verbis Anselmi qui dicit quod dicendo se dixit omnem creaturam.

1. Ad primum igitur dicendum quod cum dicitur ‘ Pater dicit se ’ in hac dictione includitur etiam omnis creatura, in quantum scilicet Pater scientia sua continet omnem creaturam velut exemplar creaturae totius.

2. Ad secundum dicendum quod Anselmus accipit stricte nomen similitudinis, sicut et Dionysius in IX cap. De divinis

même réalité : en effet, il n'y a rien chez nous qui procède d'autre chose par mode d'intellect et par mode de nature, parce que connaître et être ne s'identifient pas chez nous comme ils le font en Dieu.

Or, l'une et l'autre manières de procéder présentent, selon qu'on les trouve en nous ou en Dieu, une différence similaire. En effet, chez l'homme, le fils qui procède de son père par voie de nature n'a pas en lui la substance* entière de son père, il n'en reçoit qu'une partie. Mais le Fils de Dieu, en tant qu'il procède du Père par voie de nature, reçoit en lui toute la nature du Père en sorte qu'ils sont, Fils et Père, d'une nature unique en nombre[76]. On trouve une différence semblable dans le processus qui a lieu par voie d'intellect. En effet, le verbe, que nous exprimons grâce à la pensée en acte* et qui est en quelque sorte issu de la considération* de choses connues antérieurement ou au moins de la connaissance habituelle, ne contient pas en lui la totalité de ce qui existe en ce dont il provient ; car, quel que soit ce que nous possédons d'une connaissance habituelle, notre intellect n'en exprime pas la totalité en concevant un seul verbe, mais seulement une partie ; pareillement, dans la considération d'une seule conclusion n'est pas exprimé tout ce qui était virtuellement contenu dans les principes. Mais, en Dieu, pour que son verbe soit parfait, il faut que ce verbe exprime tout ce qui est contenu en ce dont il provient, et d'une manière particulière étant donné que Dieu voit tout, sans division, en une seule vision intuitive. Ainsi donc, pour que le verbe soit vrai et corresponde à son principe, il faut que, quel que soit ce qui est contenu dans la science du Père, tout soit exprimé par le verbe unique du [Père] lui-même, et de la manière même dont cela est contenu dans cette science. Or, par sa science, le Père se connaît et, en se connaissant, il connaît toutes les autres choses. Il en résulte que son verbe aussi exprime d'abord le Père lui-même, et par suite toutes les autres réalités que le Père connaît en se connaissant lui-même. Ainsi le Fils, du fait même qu'il est verbe exprimant parfaitement le Père, exprime toute créature. Cet ordre des choses est montré par les paroles d'Anselme affirmant que, en se disant, il [le Père] a proféré toute créature[77].

RÉPONSE AUX OBJECTIONS :

1. A la première objection, on doit donc répondre ceci : lorsqu'on dit « Le Père se dit », dans cette expression est incluse aussi toute créature, dans la mesure où le Père, en tant que modèle de la création tout entière, contient dans sa science toute créature.

2. A la deuxième objection, on doit répondre qu'Anselme prend le nom de similitude* au sens strict, comme le fait aussi Denys au

nominibus ubi dicit quod in aeque ordinatis ad invicem recipimus similitudinis reciprocationem, ut scilicet unum dicatur alteri simile et e converso; sed in his quae se habent per modum causae et causati non invenitur proprie loquendo reciprocatio similitudinis: dicimus enim quod imago Herculis similatur Herculi sed non e converso; unde quia Verbum divinum non est factum ad imitationem creaturae ut verbum nostrum sed potius e converso, ideo Anselmus vult quod Verbum non sit similitudo creaturae sed e converso. Si autem largo modo similitudinem accipiamus, sic possumus dicere quod Verbum est similitudo creaturae, non quasi imago eius sed sicut exemplar, sicut etiam Augustinus dicit ideas esse rerum similitudines: nec tamen sequitur quod in Verbo non sit summa veritas quia est immutabile creaturis existentibus mutabilibus, quia non exigitur ad veritatem verbi similitudo ad rem quae per verbum dicitur secundum conformitatem naturae sed secundum repraesentationem, ut in quaestione De scientia Dei dictum est.

3. Ad tertium dicendum quod dispositio creaturarum non dicitur verbum proprie loquendo nisi secundum quod est ab altero progrediens, quae est dispositio genita, et dicitur personaliter sicut et sapientia genita quamvis dispositio simpliciter sumpta essentialiter dicatur.

4. Ad quartum dicendum quod verbum differt ab idea: idea enim nominat formam exemplarem absolute, sed verbum creaturae in Deo nominat formam exemplarem ab alio deductam, et ideo idea in Deo ad essentiam pertinet sed verbum ad personam.

5. Ad quintum dicendum quod, quamvis Deus maxime distet a creatura considerata proprietate naturae, tamen Deus est creaturae exemplar, non autem una creatura est exemplar alterius: et ideo (per) Verbum quo exprimitur Deus exprimitur omnis creatura, non autem idea qua exprimitur una creatura exprimitur alia. Ex quo etiam apparet alia differentia inter verbum et ideam, quia idea directe respicit creaturam et ideo plurium creaturarum sunt plures ideae, sed Verbum respicit directe Deum, qui primo per Verbum exprimitur, et ex

chapitre IX de son traité *Sur les noms divins*. Denys dit là que nous trouvons le caractère réciproque de la similitude dans les choses disposées également l'une envers l'autre, de sorte que l'une est dite semblable à l'autre et réciproquement[78]. Mais, quand il s'agit de réalités ayant entre elles un rapport de cause à effet, on ne peut trouver, à proprement parler, de réciprocité de la similitude: nous disons, en effet, que l'image d'Hercule est semblable à Hercule, mais non l'inverse. En conséquence, parce que, contrairement à notre verbe, le Verbe divin n'est pas fait à l'imitation de la créature mais que plutôt l'inverse est vrai, Anselme veut dire que le Verbe n'est pas la similitude de la créature mais que c'est l'inverse qui est vrai. Mais si nous prenons le mot de similitude au sens large, nous pouvons dire que le Verbe est la similitude de la créature, non comme s'il était son image, mais à la manière d'un modèle, comme Augustin[79] dit aussi que les idées* sont les similitudes des choses; et il n'en résulte pourtant pas qu'il n'y ait pas dans le Verbe de vérité éminente du fait qu'il est immuable tandis que les créatures existantes sont soumises au changement, parce qu'il n'est pas requis pour la vérité d'un verbe que celui-ci présente, avec la réalité proférée par lui, une similitude selon une conformité de nature, mais est requise une similitude selon la représentation*, comme il a été dit dans la question *Sur la science de Dieu*[80].

3. A la troisième objection, on doit répondre ceci: la disposition* des créatures n'est appelée verbe, à proprement parler, qu'en tant qu'elle procède d'autre chose: elle est une disposition engendrée et elle est un attribut personnel, comme l'est aussi la sagesse engendrée, alors que, prise sans qualificatif, la disposition est un attribut de l'essence.

4. A la quatrième objection, on doit répondre que le verbe est différent de l'idée*: l'idée, en effet, désigne une forme exemplaire dans l'absolu, mais le verbe de la créature désigne en Dieu une forme exemplaire issue d'autre chose. C'est pourquoi, en Dieu, l'idée appartient à l'essence, mais le verbe appartient à une personne.

5. A la cinquième objection, on doit répondre ceci: bien que Dieu soit à une très grande distance de la créature si l'on considère le caractère propre de sa nature, il est cependant le modèle de la créature, tandis qu'une créature donnée n'est pas le modèle d'une autre. C'est pourquoi, par le Verbe par lequel Dieu s'exprime, toute créature est exprimée alors que, par l'idée* par laquelle une créature donnée est exprimée, une autre créature ne l'est pas. Il ressort aussi de là une autre différence entre le verbe et l'idée: parce que l'idée concerne directement la créature, à plusieurs créatures correspondent donc plusieurs idées, mais le Verbe concerne directement Dieu que le Verbe

consequenti creaturas : et quia creaturae secundum quod in Deo sunt unum sunt, ideo creaturarum omnium est unum verbum.

6. Ad sextum dicendum quod, cum dicit Augustinus quod Filius 'eo dicitur Verbum quo Imago', intelligit quantum ad proprietatem personalem Filii, quae est eadem secundum rem sive secundum eam dicatur Filius sive Verbum sive Imago ; sed quantum ad modum significandi non est eadem ratio trium nominum praedictorum : verbum enim non solum importat rationem originis et imitationis sed etiam manifestationis, et hoc modo Verbum est aliquo modo creaturae, in quantum scilicet per Verbum creatura manifestatur.

7. Ad septimum dicendum quod verbum est alicuius multipliciter : uno modo ut dicentis et sic procedit ab eo cuius est verbum ; alio modo ut manifestati per verbum et sic non oportet quod procedat ab eo cuius est nisi quando scientia ex qua procedit verbum est causata a rebus, quod in Deo non accidit, et ideo ratio non sequitur.

exprime d'abord et, par voie de conséquence, il concerne les créatures. Et parce que, selon qu'elles sont en Dieu, les créatures constituent une réalité unique, il n'y a pour cette raison qu'un verbe unique de toutes les créatures[81].

6. A la sixième objection, on doit répondre ceci: quand Augustin dit que le Fils «est appelé Verbe du fait qu'il est Image»[82], il comprend cela en rapport avec le caractère propre et personnel du Fils, caractère qui est réellement le même, qu'on parle selon lui de Fils, de Verbe ou d'Image. Mais, quant à la signification, il n'y a pas identité de sens* entre les trois noms mentionnés: le mot de verbe, en effet, implique non seulement l'idée d'une origine et celle d'une imitation, mais aussi celle d'une manifestation, et par là le Verbe est, d'une certaine façon, le Verbe de la créature dans la mesure où, par le Verbe, la créature est manifestée.

7. A la septième objection, on doit répondre qu'un verbe est verbe de quelque chose de plusieurs manières: d'une première manière, en tant que verbe de celui qui parle, et ainsi il procède de ce dont il est le verbe; d'une autre manière, comme verbe de ce qui est manifesté par lui, et il ne doit pas alors procéder de ce dont il est le verbe, si ce n'est quand la science dont il procède est causée par les choses, ce qui n'arrive pas en Dieu. C'est pourquoi l'argument* est sans portée.

ARTICULUS QUINTUS

Quinto quaeritur utrum hoc nomen Verbum importet respectum ad creaturam. Et videtur quod non : omne enim nomen quod importat respectum ad creaturam dicitur de Deo ex tempore, ut Creator et Dominus ; sed Verbum de Deo ab aeterno dicitur ; ergo non importat respectum ad creaturam.

2. Praeterea, omne relativum vel est relativum secundum esse vel secundum dici ; sed Verbum non refertur ad creaturam secundum esse quia sic dependeret a creatura, nec iterum secundum dici quia oporteret quod in aliquo casu ad creaturam referretur, quod non invenitur : maxime enim videretur referri per genitivum casum ut diceretur Verbum est creaturae, quod Anselmus in Monologion negat ; ergo Verbum non importat respectum ad creaturam.

3. Praeterea, omne nomen importans respectum ad creaturam non potest intelligi non intellecto quod creatura sit actu vel potentia, quia qui intelligit unum relativorum oportet quod intelligat et reliquum ; sed non intellecto aliquam creaturam esse vel futuram esse, adhuc Verbum in Deo intelligitur secundum quod Pater dicit se ipsum ; ergo Verbum non importat aliquem respectum ad creaturam.

4. Praeterea, respectus Dei ad creaturam non potest esse nisi sicut causae ad effectum ; sed, sicut habetur ex dictis Dionysii II cap. De divinis nominibus, omne nomen connotans effectum in creatura commune est toti Trinitati ; Verbum autem non est huiusmodi ; ergo non importat respectum aliquem ad creaturam.

5. Praeterea, Deus non intelligitur referri ad creaturam nisi per sapientiam, potentiam et bonitatem ; sed omnia ista non dicuntur de Verbo nisi per appropriationem ; cum ergo Verbum non sit appropriatum sed proprium, videtur quod Verbum non importet respectum ad creaturam.

ARTICLE 5

Le nom de Verbe implique-t-il un rapport à la créature[83] ?

On se demande en cinquième lieu si le nom de Verbe implique un rapport à la créature. Il semble que non.

1. En effet, tout nom impliquant un rapport à la créature est attribué à Dieu en relation avec le temps : ainsi les noms de Créateur et de Seigneur[84]. Mais le Verbe est attribué à Dieu de toute éternité ; il n'implique donc pas de rapport à la créature.

2. De plus, tout ce qui est relatif*, ou bien est relatif par essence, ou bien est relatif par manière de parler[85]. Or, le Verbe ne se rapporte pas à la créature par essence parce qu'il dépendrait alors de celle-ci, ni d'un autre côté par manière de parler, car ce rapport à la créature devrait s'exprimer par quelque cas [de grammaire], ce qu'on ne trouve pas : il semblerait, en effet, que ce rapport soit exprimé surtout par le cas du génitif[86], ainsi dirait-on que le Verbe est Verbe de la créature, ce qu'Anselme refuse dans le *Monologion*[87]. Le Verbe n'implique donc pas de rapport à la créature.

3. De plus, on ne peut concevoir un nom impliquant un rapport à la créature sans concevoir que celle-ci est en acte* ou en puissance*[88], parce que celui qui conçoit l'un des termes d'une relation doit concevoir aussi l'autre[89]. Mais, sans concevoir qu'une créature est ou sera, on conçoit encore un Verbe en Dieu selon que le Père se dit lui-même. Le Verbe n'implique donc pas de rapport à la créature.

4. De plus, le rapport de Dieu à la créature ne peut être que comme un rapport de cause à effet. Mais, comme on le tient des paroles de Denys au chapitre 2 de son traité *Sur les noms divins*[90], tout nom connotant un effet dans la créature est commun à la Trinité tout entière. Or, le Verbe n'est pas un nom de cette sorte ; il n'implique donc pas de rapport à la créature.

5. De plus, on ne peut concevoir que Dieu se rapporte à la créature sinon par sa sagesse, sa puissance et sa bonté ; mais tous ces termes ne sont attribués au Verbe que par appropriation*[91]. Par conséquent, comme le nom de Verbe est, non pas un terme approprié, mais un terme propre, il n'implique pas, semble-t-il, de rapport à la créature.

6. Praeterea, homo quamvis sit dispositor rerum, non tamen in hominis nomine importatur respectus ad res dispositas : ergo quamvis per Verbum omnia disponantur, non tamen nomen Verbi respectum ad creaturas dispositas importabit.

7. Praeterea, verbum relative dicitur sicut et filius ; sed tota relatio filii terminatur ad patrem : non est enim filius nisi patris ; ergo similiter tota relatio verbi ; ergo Verbum non importat respectum ad creaturam.

8. Praeterea, secundum Philosophum in V Metaphysicae, omne relativum dicitur ad unum tantum, alias relativum haberet duo esse cum esse relativi sit ad aliud se habere ; sed Verbum relative dicitur ad Patrem ; non ergo relative dicitur ad creaturas.

9. Praeterea, si unum nomen imponatur diversis secundum speciem, aequivoce eis conveniet, sicut canis latrabili et marino ; sed suppositio et superpositio sunt diversae species relationis ; si ergo unum nomen importet utramque relationem, oportebit nomen illud esse aequivocum ; sed relatio Verbi ad creaturam non est nisi superpositionis, relatio autem Verbi ad Patrem est quasi suppositionis, non propter inaequalitatem dignitatis sed propter principii auctoritatem ; ergo Verbum quod importat relationem ad Patrem non importat relationem ad creaturam nisi aequivoce sumatur.

SED CONTRA est quod Augustinus dicit in libro LXXXIII Quaestionum sic dicens « In principio erat Verbum, quod graece logos dicitur latine rationem et verbum significat ; sed hoc loco melius verbum interpretamur ut significetur non solum ad Patrem respectus sed ad illa etiam quae per Verbum facta sunt operativa potentia ». Ex quo patet propositum.

2. Praeterea, super illud Psal. « Semel locutus est Deus » dicit glosa « Semel id est Verbum aeternaliter genuit in quo omnia disposuit »; sed dispositio dicit respectum ad disposita ; ergo Verbum relative dicitur ad creaturas.

6. De plus, bien que certaines choses soient disposées* par l'homme, le nom d'homme n'implique pourtant pas de rapport à celles-ci. Donc, bien que par le Verbe soient disposées toutes choses, le nom de Verbe n'impliquera cependant pas de rapport aux créatures disposées [par lui].

7. De plus, le [nom de] verbe est dit relatif, comme [le nom] de fils. Mais toute la relation d'un fils se limite à un père, car il n'y a de fils que celui d'un père. Il en va donc pareillement de toute la relation d'un verbe. Par conséquent, le Verbe n'implique pas de rapport à la créature.

8. De plus, d'après le Philosophe au livre V de la *Métaphysique*[92], toute chose relative est dite telle à l'égard d'une seule chose, autrement la chose relative aurait deux essences, puisque l'essence d'une chose relative consiste à être relative à une autre. Mais le Verbe est dit relatif au Père; il n'est donc pas dit relatif aux créatures.

9. De plus, si un nom unique est donné à des choses qui diffèrent par l'espèce, c'est d'une manière équivoque qu'il s'appliquera à celles-ci: par exemple le nom de chien donné au chien qui aboie et au chien de mer[93]. Or, l'infériorité et la supériorité constituent des espèces différentes de rapport[94]. Si donc un nom unique implique l'un et l'autre rapports, ce nom sera nécessairement équivoque. Mais le rapport du Verbe à la créature n'est autre qu'un rapport de supériorité, tandis que le rapport du Verbe au Père est comme un rapport d'infériorité, non pas à cause d'une inégalité en dignité, mais en raison de l'importance de l'origine. Le Verbe, qui implique un rapport au Père, n'implique donc pas de rapport à la créature si ce n'est lorsqu'il est pris de manière équivoque.

CEPENDANT:

1. Dans son *Livre des quatre-vingt-trois questions*, Augustin dit ceci: « Au commencement était le Verbe. Ce qui se dit en grec *logos* signifie en latin raison* et verbe. Mais, dans ce passage, nous préférons traduire par verbe pour que soient signifiés, non seulement le rapport au Père, mais aussi le rapport à ce qui a été fait par le Verbe de par sa puissance opérative »*[95]. Cela montre clairement ce qui est proposé [par l'auteur].

2. De plus, à propos de ce verset du *Psaume*: « Dieu a parlé une fois »[96], la *Glose* dit: « Une fois, c'est-à-dire il a engendré éternellement le Verbe en lequel il a disposé* toutes choses »[97]. Mais l'acte de disposer montre un rapport à l'égard de ce qui est disposé. On parle donc du Verbe relativement aux créatures.

3. Praeterea, verbum omne importat respectum ad id quod per verbum dicitur; sed, sicut dicit Anselmus, Deus dicendo se dixit omnem creaturam; ergo Verbum importat respectum non solum ad Patrem sed ad creaturam.

4. Praeterea, Filius ex hoc quod est Filius perfecte repraesentat Patrem secundum id quod est ei intrinsecum, sed Verbum ex suo nomine addit manifestationem; non potest autem esse alia manifestatio nisi sicut manifestatur Pater per creaturas, quae est quasi manifestatio ad exterius; ergo Verbum importat respectum ad creaturam.

5. Praeterea, Dionysius dicit VII cap. De divinis nominibus quod « Deus laudatur Ratio » vel Verbum « quia est sapientiae et rationis largitor », et sic patet quod Verbum de Deo dictum importat rationem causae; sed causa dicitur ad effectum; ergo Verbum importat respectum ad creaturas.

6. Praeterea, intellectus practicus refertur ad ea quae operata sunt per ipsum; sed Verbum divinum est verbum intellectus practici quia est operativum verbum, ut Damascenus dicit; ergo Verbum dicit respectum ad creaturam.

RESPONSIO. Dicendum quod quandocumque aliqua duo sic se habent ad invicem quod unum dependet ad alterum sed non e converso, in eo quod dependet ab altero est realis relatio, sed in eo ad quod dependet non est relatio nisi rationis tantum, prout scilicet non potest intelligi aliquid referri ad alterum quin cointelligatur etiam respectus oppositus ex parte alterius, ut patet in scientia quae dependet ad scibile sed non e converso: unde cum creaturae omnes a Deo dependeant sed non e converso, in creaturis sunt relationes reales quibus referuntur ad Deum, sed in Deo sunt relationes oppositae secundum rationem tantum. Et quia nomina sunt signa intellectuum, inde est quod aliqua nomina de Deo dicuntur quae important respectum ad creaturam, cum tamen ille respectus sit rationis tantum, ut dictum est: relationes enim reales in Deo sunt illae tantummodo quibus personae ab invicem distinguuntur.

3. De plus, tout verbe implique un rapport à ce qui est dit par lui. Mais, comme l'expose Anselme[98], Dieu, en se disant, profère toute créature. Le Verbe implique donc un rapport, non seulement au Père, mais aussi à la créature.

4. De plus, le Fils, du fait qu'il est Fils, est la parfaite image du Père selon ce qui lui est intrinsèque, mais le Verbe, de par son nom, ajoute à cela qu'il y a manifestation. Or, il n'y a pas d'autre manifestation possible que celle où le Père est manifesté par ses créatures : c'est comme une manifestation vers l'extérieur. Le Verbe implique donc un rapport à la créature.

5. De plus, au chapitre 7 de son traité *Sur les noms divins*, Denys dit que « Dieu est loué en tant que Raison* » ou Verbe, « parce qu'il est dispensateur de sagesse et de raison »[99]. Ainsi est-il clair que le Verbe dont on parle à propos de Dieu comporte un sens* de cause. Mais on parle de cause relativement à un effet. Le Verbe implique donc un rapport aux créatures.

6. De plus, un intellect pratique se rapporte à ce qui est opéré par lui. Mais le Verbe divin est le verbe d'un intellect pratique, puisqu'il est verbe opératif comme le dit le Damascène[100]. Le Verbe exprime donc un rapport à la créature.

RÉPONSE :

On doit dire ceci : chaque fois que deux choses sont telles, l'une envers l'autre, que l'une dépend de l'autre mais que l'inverse n'est pas vrai, dans la chose qui dépend de l'autre existe une relation* réelle, mais dans celle dont l'autre dépend il n'y a pas de relation si ce n'est seulement une relation de raison, selon le fait que l'on ne peut concevoir la relation d'une chose à une autre sans concevoir aussi en même temps la relation inverse. Un exemple clair est celui de la science qui dépend de ce qui est connaissable tandis que l'inverse n'est pas vrai[101]. Par conséquent, étant donné que toutes les créatures dépendent de Dieu mais que l'inverse n'est pas vrai, il existe dans les créatures des relations réelles par lesquelles elles se rapportent à Dieu mais, en Dieu, les relations inverses ne sont que selon la raison. Et, parce que les noms sont les signes des conceptions de l'intellect[102], on attribue de ce fait à Dieu des noms qui impliquent un rapport à la créature, alors que cependant cette relation est seulement une relation de raison, comme il a été dit[103] : en effet, les relations réelles en Dieu sont seulement celles par lesquelles les personnes se distinguent l'une de l'autre.

In relativis autem invenimus quod quaedam nomina imponuntur ad significandum respectus ipsos, sicut hoc nomen similitudo, quaedam vero ad significandum aliquid ad quod sequitur respectus, sicut hoc nomen scientia imponitur ad significandum qualitatem quandam quam sequitur quidam respectus. Et hanc diversitatem invenimus in nominibus relativis de Deo dictis, et quae ab aeterno et quae ex tempore de Deo dicuntur: hoc enim nomen Pater quod ab aeterno de Deo dicitur et similiter hoc nomen Dominus quod dicitur de eo ex tempore, imponuntur ad significandum ipsos respectus; sed hoc nomen Creator quod de Deo ex tempore dicitur imponitur ad significandum actionem divinam quam consequitur respectus quidam. Similiter etiam hoc nomen Verbum imponitur ad significandum aliquid absolutum cum aliquo respectu adiuncto: est enim Verbum idem quod Sapientia genita, ut Augustinus dicit; nec ob hoc impeditur quin Verbum personaliter dicatur, quia sicut Pater personaliter dicitur ita et Deus generans vel Deus genitus.

Contingit autem ut aliqua res absoluta ad plura habere possit respectum, et inde est quod nomen illud quod imponitur ad significandum aliquid absolutum ad quod sequitur aliquis respectus, potest ad plura relative dici, secundum quod scientia dicitur in quantum est scientia relative ad scibile, sed in quantum est accidens quoddam vel forma refertur ad scientem. Ita etiam et hoc nomen verbum habet respectum et ad dicentem et ad id quod per verbum dicitur, ad quod quidem potest dici dupliciter: uno modo secundum convertentiam nominis, et sic verbum dicitur ad dictum, alio modo ad rem cui convenit ratio dicti. Et quia Pater principaliter dicit se generando Verbum suum et ex consequenti dicit creaturas, ideo principaliter et quasi per se Verbum refertur ad Patrem sed ex consequenti et quasi per accidens refertur ad creaturam: accidit enim Verbo ut per ipsum creatura dicatur.

1. Ad primum dicendum quod ratio illa tenet in illis quae important actualem respectum ad creaturam, non autem in illis quae important respectum habitualem: et dicitur respectus

D'autre part, dans ce qui a trait aux relations, nous trouvons que certains noms sont donnés pour signifier les rapports eux-mêmes, comme le nom de similitude*, tandis que d'autres le sont pour signifier quelque chose auquel un rapport est associé : ainsi le nom de science est donné pour signifier une certaine qualité*[104] qu'accompagne un rapport donné. Nous trouvons cette diversité dans les noms relatifs attribués à Dieu, dans ceux qu'on lui attribue de toute éternité comme dans ceux qu'on lui attribue à partir du temps. En effet, le nom de Père, attribut de Dieu de toute éternité, et pareillement le nom de Seigneur qu'on lui confère à partir du temps, sont donnés pour signifier les rapports eux-mêmes ; mais le nom de Créateur, attribué à Dieu à partir du temps, est donné pour signifier une action divine dont découle un certain rapport. Pareillement, le nom de Verbe est donné pour signifier quelque chose d'absolu joint à un rapport : le Verbe, en effet, est identique à la Sagesse engendrée comme le dit Augustin[105]. Et ceci ne s'oppose pas à ce que le Verbe soit attribué à une personne parce que, de même que le terme de Père est un attribut personnel, de même aussi sont attributs personnels les expressions Dieu engendrant ou Dieu engendré.

Or, il arrive qu'une réalité absolue puisse avoir rapport à plusieurs choses ; en conséquence, on peut dire d'un nom qui est donné pour signifier quelque chose d'absolu accompagné d'un rapport, qu'il est relatif à l'égard de plusieurs choses : conformément à cela, on parle de science en tant qu'elle est science relative à ce qui est connaissable mais, en tant qu'elle est quelque accident* ou forme*, elle se rapporte au savant. De la même façon, le nom de verbe comporte à la fois un rapport à celui qui dit le verbe et un rapport à ce qui est dit par le verbe, et ce dernier rapport peut même être exprimé de deux manières : d'une part selon la convertibilité du nom[106], et ainsi le verbe est dit relatif à ce qui est dit ; d'autre part, [le verbe se rapporte] à la chose à laquelle correspond le sens* du mot. Et parce que le Père se dit d'abord en engendrant son Verbe et qu'il profère les créatures par voie de conséquence, pour cette raison le Verbe se rapporte d'abord et comme essentiellement au Père, mais secondairement et comme accidentellement à la créature : en effet, que la créature soit dite par le Verbe est pour celui-ci de l'ordre de l'accident.

RÉPONSE AUX OBJECTIONS :

1. A la première objection, on doit répondre ceci : l'argument* proposé vaut pour les noms qui impliquent un rapport en acte* avec la créature, mais il ne vaut pas pour ceux qui impliquent avec celle-ci un

habitualis qui non requirit creaturam simul esse in actu, et tales sunt omnes respectus qui consequuntur actus animae, quia voluntas et intellectus potest esse etiam de eo quod non est actu existens; Verbum autem importat processionem intellectus, et ideo ratio non sequitur.

2. Ad secundum dicendum quod Verbum non dicitur relative ad creaturam secundum rem quasi relatio ad creaturam sit in Deo realiter, sed dicitur secundum dici. Nec est remotum quin dicatur in aliquo casu: possum enim dicere quod est Verbum creaturae, idest de creatura, non a creatura in quo sensu Anselmus negat; et praeterea, si non referretur secundum aliquem casum, sufficeret quocumque modo referretur, ut puta si referatur per praepositionem adiunctam casuali ut dicatur quod Verbum est ad creaturam, scilicet constituendam.

3. Ad tertium dicendum quod ratio illa procedit de illis nominibus quae per se important respectum ad creaturam; hoc autem nomen (non) est huiusmodi, ut ex dictis patet, et ideo ratio non sequitur.

4. Ad quartum dicendum quod ex illa parte qua hoc nomen Verbum importat aliquid absolutum habet habitudinem causalitatis ad creaturam; sed ex respectu realis originis quem importat efficitur personale, ex quo ad creaturam habitudinem non habet.

5. Et per hoc patet responsio ad quintum.

6. Ad sextum dicendum quod Verbum non solum est id per quod fit dispositio, sed est ipsa Patris dispositio de rebus creandis, et ideo aliquo modo ad creaturam refertur.

7. Ad septimum dicendum quod filius importat tantum relationem alicuius ad principium a quo oritur, sed Verbum importat relationem et ad principium a quo dicitur et ad id quod est quasi terminus, scilicet id quod per Verbum manifestatur, quod quidem principaliter est Pater sed ex consequenti est creatura, quae nullo modo potest esse divinae personae principium; et ideo Filius nullo modo importat respectum ad creaturam sicut Verbum.

rapport habituel. On entend par rapport habituel celui qui ne requiert pas que la créature ait en même temps l'être en acte : tels sont tous les rapports qui résultent des mouvements de l'âme, parce que la volonté et l'intellect peuvent concerner même ce qui n'est pas en acte d'exister. Or, le Verbe implique un processus de l'intellect. L'argument est donc sans portée.

2. A la deuxième objection, on doit répondre ceci : quand on parle de la relation du Verbe à la créature, il s'agit, non d'une relation* réelle comme si la relation à la créature était réellement en Dieu, mais d'une relation par manière de parler. Et il n'est pas exclu qu'on puisse exprimer [cette relation] par quelque cas [de grammaire] : je peux dire, en effet, que le Verbe est [Verbe] de la créature, c'est-à-dire au sujet de la créature, non pas issu de la créature : c'est ce dernier sens qu'Anselme refuse. De plus, si l'on ne rapportait pas [le Verbe à la créature] selon un cas [de grammaire], il suffirait de l'y rapporter d'une manière ou d'une autre, par exemple à l'aide d'une préposition jointe au cas [approprié][107], afin de dire que le Verbe est pour *(ad)* la créature, à savoir pour la créer.

3. A la troisième objection, on doit répondre que l'argument* procède de ces noms qui impliquent par eux-mêmes un rapport à la créature ; or, le nom [de verbe] n'est pas de cette sorte, comme il ressort clairement de ce qui a été dit[108]. C'est pourquoi l'argument est sans portée.

4. A la quatrième objection, on doit répondre ceci : le nom de Verbe implique quelque chose d'absolu et, par là, il possède un caractère de causalité vis-à-vis de la créature ; mais, si l'on considère l'origine réelle qu'il implique, il est donné comme relatif à une personne et, de ce point de vue, il n'a pas de caractère [de causalité] à l'égard de la créature.

5. La réponse à la cinquième objection est rendue évidente par ce [qui vient d'être dit].

6. A la sixième objection, on doit répondre ceci : le Verbe est non seulement ce par quoi se fait la disposition*, mais il est cette disposition même du Père concernant les choses à créer. C'est pourquoi le Verbe se rapporte de quelque façon à la créature.

7. A la septième objection, on doit répondre ceci : *fils* implique seulement le rapport de quelqu'un au principe dont il provient, mais *Verbe* implique un rapport à la fois au principe par lequel il est dit et à ce qui est comme son aboutissement, à savoir ce qui est manifesté par le Verbe. [Ce qui est manifesté], c'est bien d'abord le Père, mais par voie de conséquence c'est la créature, laquelle ne peut en aucune manière être le principe d'une personne divine. C'est pourquoi *Fils* n'implique

8. Ad octavum dicendum quod ratio illa procedit de illis nominibus quae imponuntur ad significandum ipsos respectus : non enim potest esse quod unus respectus terminetur ad multa nisi secundum quod illa multa aliquo modo uniuntur.

9. Et similiter etiam est dicendum ad nonum.

Rationes autem quae sunt ad oppositum concludunt quod aliquo modo ad creaturam referatur Verbum, non autem quod hanc relationem per se importet et quasi principaliter, et in hoc sensu concedendae sunt.

en aucune façon un rapport à la créature, contrairement à *Verbe*.

8. A la huitième objection, on doit répondre que l'argument* procède de ces noms qui sont donnés pour signifier les rapports eux-mêmes : il est, en effet, impossible qu'un rapport unique aboutisse à des choses multiples, à moins que ces dernières ne s'enchaînent d'une manière ou d'une autre.

9. A la neuvième objection, il faut encore répondre de la même façon.

Les arguments* contraires concluent aussi que le Verbe se rapporte de quelque manière à la créature mais ils ne concluent pas que le Verbe implique cette relation essentiellement et comme principalement, et en ce sens on peut les admettre.

ARTICULUS SEXTUS

Sexto quaeritur utrum res verius sint in Verbo vel in se ipsis. Et videtur quod non sint verius in Verbo : verius enim est aliquid ubi est per essentiam suam quam ubi per suam similitudinem tantum ; sed in Verbo res non sunt nisi per suam similitudinem, in se autem sunt per suam essentiam ; ergo verius sunt in se ipsis quam in Verbo.

2. Sed dicebat quod pro tanto sunt nobilius in Verbo quia ibi habent nobilius esse. – Contra, res materialis nobilius esse habet in anima nostra quam in se ipsa, ut etiam Augustinus dicit in libro De Trinitate, et tamen verius est in se ipsa quam in anima nostra ; ergo eadem ratione verius est in se quam sit in Verbo.

3. Praeterea, verius est id quod est in actu quam id quod est in potentia ; sed res in se ipsa est in actu, in Verbo autem est tantum in potentia sicut artificiatum in artifice ; ergo verius est res in se quam in Verbo.

4. Praeterea, ultima rei perfectio est sua operatio ; sed res in se ipsis existentes habent proprias operationes quas non habent ut sunt in Verbo ; ergo verius sunt in se ipsis quam in Verbo.

5. Praeterea, illa solum sunt comparabilia quae sunt unius rationis ; sed esse rei in se ipsa non est unius rationis cum esse quod habet in Verbo ; ergo ad minus non potest dici quod verius sit in Verbo quam in se ipsa.

SED CONTRA, « creatura in Creatore est creatrix essentia », ut Anselmus dicit ; sed esse increatum est verius quam creatum ; ergo res verius esse habet in Verbo quam in se ipsa.

ARTICLE 6

Les choses sont-elles plus véritablement dans le Verbe ou en elles-mêmes [109] ?

En sixième lieu, on se demande si les choses sont plus véritablement dans le Verbe ou en elles-mêmes [110]. Et il semble qu'elles ne soient pas plus véritablement dans le Verbe.

1. En effet, une chose, là où elle est par son essence, est plus véritablement que là où elle est seulement par sa similitude*[111]. Mais, dans le Verbe, les choses ne sont que par leur similitude tandis que, en elles-mêmes, elles sont par leur essence : elles sont donc en elles-mêmes plus véritablement que dans le Verbe.

2. Mais on a dit que [les choses] sont d'une manière plus noble dans le Verbe, dans la mesure où elles ont là un être plus noble. Contre [cet argument, on peut dire] : si une chose matérielle a un être plus noble dans notre âme qu'en elle-même, comme le dit aussi Augustin dans son traité *Sur la Trinité* [112], cette chose est cependant en elle-même plus véritablement que dans notre âme ; donc, pour la même raison*, elle est en elle-même plus véritablement que dans le Verbe.

3. De plus, ce qui est en acte* est plus véritablement que ce qui est en puissance*. Mais une chose en elle-même est en acte tandis que, dans le Verbe, elle n'est qu'en puissance comme l'œuvre dans l'artisan [113]. Une chose est donc en elle-même plus véritablement que dans le Verbe.

4. De plus, l'extrême perfection d'une chose est son opération*. Mais les choses existant en elles-mêmes ont leurs opérations propres, qu'elles n'ont pas en tant qu'elles sont dans le Verbe : par conséquent, elles sont en elles-mêmes plus véritablement que dans le Verbe.

5. De plus, seules sont comparables les choses qui sont de même nature*. Mais l'être d'une chose en elle-même et son être dans le Verbe ne sont pas de même nature. Donc, pour le moins, il n'est pas possible de dire qu'une chose est dans le Verbe plus véritablement qu'en elle-même.

CEPENDANT :

1. « La créature dans le Créateur est essence créatrice » dit Anselme [114]. Mais l'être incréé est plus véritablement que l'être créé.

2. Praeterea, sicut ponebat Plato ideas rerum esse extra mentem divinam, ita nos in mente divina ponimus eas; sed secundum Platonem verius erat homo separatus homo quam materialis, unde hominem separatum per se hominem nominabat; ergo et secundum positionem fidei verius sunt res in Verbo quam sint in se ipsis.

3. Praeterea, illud quod est verissimum in unoquoque genere est mensura totius generis; sed similitudines rerum in Verbo existentes sunt mensurae veritatis in rebus omnibus quia secundum hoc res aliqua dicitur vera secundum quod imitatur exemplar suum quod est in Verbo; ergo res verius sunt in Verbo quam in se ipsis.

RESPONSIO. Dicendum quod, sicut dicit Dionysius II cap. De divinis nominibus, causata deficiunt ab imitatione suarum causarum quae eis supercollocantur, et propter istam distantiam causae a causato aliquid vere praedicatur de causato quod non praedicatur de causa, sicut patet quod delectationes non dicuntur proprie delectari quamvis sint nobis causae delectandi; quod quidem non contingit nisi quia modus causarum est sublimior quam ea quae de effectibus praedicantur; et hoc invenimus in omnibus causis aequivoce agentibus, sicut sol non potest dici calidus quamvis ab eo alia calefiant, quod est propter ipsius solis supereminentiam ad ea quae calida dicuntur. Cum ergo quaeritur utrum res verius sint in se ipsis quam in Verbo, distinguendum est quia li verius potest designare vel veritatem rei vel veritatem praedicationis: si designet veritatem rei, sic procul dubio maior est veritas rerum in Verbo quam in se ipsis; si autem designetur veritas praedicationis, sic est e converso: verius enim praedicatur homo de re quae est in propria natura quam de ea secundum quod est in Verbo, nec hoc est propter defectum Verbi sed propter supereminentiam ipsius, ut dictum est.

Une chose a donc l'être dans le Verbe plus véritablement qu'en elle-même.

2. De plus, de même que Platon soutenait que les idées* des choses sont à l'extérieur de l'esprit divin[115], de même nous, nous affirmons qu'elles sont dans cet esprit. Mais, d'après Platon, l'homme séparé[116] était plus véritablement homme que l'homme matériel: en conséquence, il appelait «homme en soi» cet homme séparé. Donc, mais selon les affirmations de la foi, les choses sont dans le Verbe plus véritablement qu'elles ne sont en elles-mêmes.

3. De plus, ce qui est le plus vrai dans chaque genre sert de mesure au genre tout entier. Mais les similitudes* des choses existant dans le Verbe servent de mesure de vérité à tout, parce que c'est selon cela qu'une chose est dite vraie: selon qu'elle imite son modèle qui est dans le Verbe. Les choses sont donc dans le Verbe plus véritablement qu'en elles-mêmes.

RÉPONSE:

On doit répondre ceci: comme le dit Denys au chapitre 2 de son traité *Sur les noms divins*[117], les effets ne réussissent pas à imiter les causes qui les dépassent. En raison de cette distance entre la cause et l'effet, on attribue en toute vérité à l'effet quelque chose qu'on n'attribue pas à la cause: ainsi est-il clair qu'on ne dit pas, à proprement parler, que des plaisirs s'amusent, bien qu'ils soient pour nous des causes d'amusement. Ceci n'a lieu, assurément, que parce que le mode d'être des causes est plus élevé que ce qu'on attribue à leurs effets, et nous trouvons cela à propos de toutes les causes qui agissent de manière équivoque*[118]: par exemple, le soleil ne peut être dit chaud bien que, par lui, d'autres choses deviennent chaudes, cela étant dû à la grande supériorité du soleil lui-même vis-à-vis de ce qu'on dit chaud.

Quand donc on recherche si les choses sont en elles-mêmes plus véritablement que dans le Verbe, il faut établir cette distinction que l'expression «plus véritablement» peut indiquer, soit la vérité* de la chose, soit la vérité du discours[119]. Si elle désigne la vérité de la chose, alors, sans aucun doute, la vérité des choses est plus grande dans le Verbe qu'en elles-mêmes. Mais s'il s'agit de la vérité du discours, c'est le contraire qui se produit: on parle comme homme plus véritablement d'une chose étant dans sa nature propre que de cette chose selon qu'elle est dans le Verbe, et cela est dû, non à une déficience du Verbe mais à sa grande supériorité, comme on l'a exposé.

1. Ad primum igitur dicendum quod, si intelligatur de veritate praedicationis, simpliciter verum est quod verius est aliquid ubi est per essentiam quam ubi est per similitudinem; sed si intelligatur de veritate rei, tunc verius est ubi est per similitudinem quae est causa rei, minus autem vere ubi est per similitudinem causatam a re.

2. Ad secundum dicendum quod similitudo rei quae est in anima nostra non est causa rei sicut similitudo rerum in Verbo, et ideo non est simile.

3. Ad tertium dicendum quod potentia activa est perfectior quam sit actus qui est eius effectus, et hoc modo creaturae dicuntur esse in potentia in Verbo.

4. Ad quartum dicendum quod, quamvis creaturae in Verbo non habeant proprias operationes, habent tamen operationes nobiliores in quantum sunt effectivae rerum et operationum ipsarum.

5. Ad quintum dicendum quod, quamvis non sint unius rationis esse creaturarum in Verbo et in se ipsis secundum univocationem, sunt tamen aliquo modo unius rationis secundum analogiam.

1. Ad id vero quod primo in contrarium obicitur dicendum quod ratio illa procedit de veritate rei non autem de veritate praedicationis.

2. Ad secundum dicendum quod Plato in hoc reprehenditur quod posuit formas naturales secundum propriam rationem esse praeter materiam ac si materia accidentaliter se haberet ad species naturales, et secundum hoc res naturales vere praedicari possent de his quae sunt sine materia; nos autem hoc non ponimus, et ideo non est simile.

3. Ad tertium dicendum sicut ad primum.

RÉPONSE AUX OBJECTIONS :

1. A la première objection, on doit donc répondre ceci : si c'est la vérité* du discours qui est considérée, il est tout à fait vrai qu'une chose est plus véritablement là où elle est par son essence que là où elle est par sa similitude*. Mais si l'on considère la vérité de la chose, alors une chose est plus véritablement là où elle est par la similitude qui est la cause de cette chose, tandis qu'elle est moins véritablement là où elle est par la similitude causée par elle [120].

2. A la deuxième objection, on doit répondre que la similitude* d'une chose dans notre esprit n'est pas la cause de cette chose comme l'est la similitude des choses dans le Verbe. On ne peut donc pas comparer.

3. A la troisième objection, on doit répondre ceci : une puissance active* est plus parfaite que ne l'est l'acte* qui est l'effet de cette puissance, et c'est de cette manière que les choses sont dites être en puissance* dans le Verbe [121].

4. A la quatrième objection, on doit répondre ceci : bien que, dans le Verbe, les créatures n'aient pas d'opérations* propres, elles y ont cependant des opérations plus nobles en tant qu'elles sont causes effectives des choses et de leurs opérations.

5. A la cinquième objection, on doit répondre ceci : quoique l'être des créatures dans le Verbe et leur être en elles-mêmes ne soient pas de même nature* selon l'univocité, ils appartiennent cependant d'une certaine façon à une même nature selon l'analogie.

RÉPONSE AUX OBJECTIONS CONTRAIRES :

1. A la première objection contraire, on doit répondre que l'argument* procède de la vérité* de la chose, mais non de celle du discours.

2. A la deuxième objection contraire, on doit répondre ceci : Platon est critiqué [122] pour avoir affirmé que les formes* naturelles existent selon leur nature* propre indépendamment de la matière*, comme si la matière se comportait comme un accident* à l'égard des espèces naturelles : selon cette [assertion], on pourrait vraiment parler de réalités naturelles à propos de ces [formes] qui sont sans matière. Mais nous, nous n'affirmons pas cela, et c'est pourquoi l'on ne peut comparer.

3. A la troisième objection contraire, on doit répondre comme à la première.

ARTICULUS SEPTIMUS

Septimo quaeritur utrum Verbum sit eorum quae nec sunt nec erunt nec fuerunt. Et videtur quod sic : verbum enim importat aliquid progrediens ab intellectu ; sed intellectus divinus est etiam de his quae nec sunt nec erunt nec fuerunt, ut in quaestione De scientia Dei dictum est ; ergo Verbum etiam de his esse potest.

2. Praeterea, secundum Augustinum VI libro De Trinitate, « Filius est ars Patris plena rationum viventium »; sed, sicut dicit Augustinus in libro LXXXIII Quaestionum, « ratio, etsi nihil per illam fiat, recte ratio dicitur »; ergo Verbum est etiam eorum quae nec fient nec facta sunt.

3. Praeterea, Verbum non esset perfectum nisi contineret in se omnia quae sunt in scientia dicentis ; sed in scientia Patris dicentis sunt ea quae numquam erunt nec facta sunt ; ergo et ista erunt in Verbo.

SED CONTRA est quod Anselmus dicit in Monologion « Eius quod nec est nec fuit nec futurum est, nullum verbum esse potest ».

2. Praeterea, hoc ad virtutem dicentis pertinet ut quicquid dicit fiat ; sed Deus est potentissimus ; ergo Verbum eius non est de aliquo quod non aliquando fiat.

RESPONSIO. Dicendum quod aliquid potest esse in Verbo dupliciter : uno modo sicut id quod Verbum cognoscit vel quod in Verbo cognosci potest, et sic in Verbo est etiam illud quod nec est nec erit nec factum est quia hoc cognoscit Verbum sicut et Pater et in Verbo etiam cognosci potest sicut et in Patre. Alio

ARTICLE 7

Le Verbe est-il Verbe de ce qui n'est pas, ne sera pas et n'a pas été [123] ?

On se demande en septième lieu si le Verbe est Verbe de ce qui n'est pas, ne sera pas et n'a pas été. Il semble que oui.

1. En effet, le mot de verbe implique que quelque chose procède de l'intellect. Mais l'intellect divin se rapporte aussi à ce qui n'est pas, ne sera pas, et n'a pas été, comme il a été dit dans la question *Sur la science de Dieu* [124]. Le Verbe peut donc se rapporter même à cela.

2. De plus, Augustin dit au livre VI de son traité *Sur la Trinité*: « Le Fils est la science du Père, toute remplie des raisons* des êtres vivants » [125]. Mais, comme le dit le même auteur dans son *Livre des quatre-vingt-trois questions*: « Une raison, même si rien n'est fait par elle, est à juste titre appelée raison » [126]. Le Verbe se rapporte donc même à ce qui ne sera pas fait et n'a pas été fait.

3. De plus, le Verbe ne serait pas parfait s'il ne contenait pas en lui tout ce qui est dans la science de celui qui le profère. Mais, dans la science du Père qui profère se trouve ce qui ne sera jamais et n'a jamais été fait; cela se trouvera donc aussi dans le Verbe.

CEPENDANT:

1. Dans le *Monologion*, Anselme dit: « De ce qui n'est pas, n'a pas été et ne sera pas, il ne peut y avoir aucun verbe » [127].

2. De plus, il relève du pouvoir de celui qui parle que tout ce qu'il dit soit fait. Mais Dieu est tout-puissant. Son Verbe ne se rapporte donc pas à quelque chose qui ne se ferait pas à un moment ou à un autre.

RÉPONSE:

On doit répondre qu'une chose peut être dans le Verbe de deux manières. D'une première manière, comme ce que le Verbe connaît ou ce qui peut être connu dans le Verbe: c'est ainsi que dans le Verbe se trouve même ce qui n'est pas, ne sera pas et n'a pas été fait, parce que le Verbe connaît cela comme le connaît aussi le Père et que cela peut être connu dans le Verbe comme aussi dans le Père. D'une seconde

modo dicitur aliquid esse in Verbo sicut id quod per Verbum dicitur; omne autem quod aliquo verbo dicitur ordinatur quodam modo ad executionem quia verbo instigamus alios ad agendum et ordinamus aliquos ad exequendum id quod mente concepimus, unde etiam dicere Dei disponere ipsius est, ut patet per glosam super illud Psal. « Semel locutus est Deus » etc.; unde sicut Deus non disponit nisi quae sunt vel erunt vel fuerunt, ita nec dicit, unde Verbum est horum tantum sicut per ipsum dictorum: scientia autem et ars et idea vel ratio non important ordinem ad aliquam executionem, et ideo non est simile de eis et de Verbo.

Et per hoc patet responsio ad obiecta.

manière, on dit qu'une chose est dans le Verbe comme ce qui est proféré par lui. Or, tout ce qui est exprimé par un verbe est destiné, d'une certaine façon, à être réalisé parce que, par le verbe, nous poussons les autres à agir et que nous en amenons certains à effectuer ce que notre esprit a conçu ; d'où il résulte encore que, pour Dieu, dire c'est disposer* son [œuvre], comme il ressort clairement de la *Glose* sur le *Psaume* : « Dieu a parlé une fois... »[128]. Par conséquent, de même que Dieu ne dispose que ce qui est, sera ou a été, de même il ne dit [que cela]. Le Verbe se rapporte donc seulement à ces choses-là en tant que choses dites par lui, tandis que la science et l'art, et l'idée* ou raison* n'impliquent pas d'être ordonnés à une quelconque réalisation, et c'est pourquoi on ne peut les comparer au Verbe.

Il est clairement répondu par là aux objections.

ARTICULUS OCTAVUS

Octavo quaeritur utrum omne quod factum est sit vita in Verbo. Et videtur quod non quia secundum hoc Verbum est causa rerum quod res sunt in ipso: si ergo res in Verbo sunt vita, Verbum causat res per modum vitae; sed ex hoc quod causat res per modum bonitatis sequitur quod omnia sunt bona; ergo ex hoc quod causat res per modum vitae sequetur quod omnia sint viva, quod falsum est, ergo et primum.

2. Praeterea, res sunt in Verbo sicut artificiata apud artificem; sed artificiata in artifice non sunt vita: nec enim ipsius artificis vita sunt, qui vivebat etiam antequam artificiata in ipso essent, neque artificiatorum, quae vita carent; ergo nec creaturae in Verbo sunt vita.

3. Praeterea, efficientia vitae magis appropriatur in Scriptura Spiritui Sancto quam Verbo, ut patet Ioh. VI[64] « Spiritus est qui vivificat », et in pluribus aliis locis; sed verbum non dicitur de Spiritu Sancto sed de Filio tantum, ut patet ex dictis; ergo nec convenienter dicitur quod res in Verbo sit vita.

4. Praeterea, lux intellectualis (non) est principium vitae; sed res in Verbo sunt lux; ergo videtur quod in eo non sint vita.

SED CONTRA est quod dicitur Ioh. I[3] « Quod factum est, in ipso vita erat ».

2. Praeterea, secundum Philosophum in VIII Physicorum, motus caeli dicitur « vita quaedam omnibus natura existentibus »; sed magis influat Verbum in creaturas quam motus caeli in naturam; ergo res secundum quod sunt in Verbo, debent dici vita.

ARTICLE 8

Tout ce qui a été fait est-il vie dans le Verbe[130] ?

On se demande en huitième lieu si tout ce qui a été fait est vie dans le Verbe. Il semble que non.

1. En effet, c'est selon ce que les choses sont dans le Verbe que celui-ci en est la cause. Si donc les choses dans le Verbe sont vie, le Verbe en est la cause par mode de vie; mais, du fait qu'il cause les choses par mode de bonté, il s'ensuit qu'elles sont toutes bonnes; donc, du fait qu'il les cause par mode de vie, il s'ensuivra que toutes sont vivantes, ce qui est faux. Par conséquent est fausse aussi la [proposition] initiale.

2. De plus, les choses sont dans le Verbe comme les œuvres chez l'artisan[130]. Mais les œuvres chez l'artisan ne sont pas vie: elles ne sont, en effet, ni la vie de l'artisan lui-même qui vivait déjà avant que les œuvres ne soient en lui-même, ni celle des œuvres qui sont privées de vie. Les créatures ne sont donc pas non plus vie dans le Verbe.

3. De plus, le pouvoir de produire la vie est, dans l'Ecriture, plus approprié* à l'Esprit-Saint qu'au Verbe, ainsi qu'on le voit en *Jn 6,64*: « C'est l'Esprit qui vivifie »[131], et en plusieurs autres endroits[132]. Mais on ne parle pas de verbe à propos de l'Esprit-Saint mais seulement à propos du Fils, comme il ressort clairement de ce qui a été dit[133]. Il ne convient donc pas non plus de dire qu'une chose est vie dans le Verbe.

4. De plus, la lumière intellectuelle n'est pas un principe de vie. Mais les choses dans le Verbe sont lumière. Il semble donc que, en lui, elles ne soient pas vie.

CEPENDANT:

1. En *Jn 1,3*, il est dit: « Ce qui a été fait, en lui était vie »[134].

2. De plus, selon le Philosophe au livre VIII de la *Physique*, le mouvement du ciel est appelé « une certaine vie pour toutes les choses qui existent dans la nature »[135]. Mais le Verbe exerce davantage son action sur les créatures que le mouvement du ciel ne le fait sur la nature. Les choses, selon qu'elles sont dans le Verbe, doivent donc être appelées vie.

RESPONSIO. Dicendum quod res secundum quod sunt in Verbo, considerari possunt dupliciter : uno modo per comparationem ad Verbum, alio modo per comparationem ad res in propria natura existentes et utroque modo similitudo creaturae in Verbo est vita. Illud enim proprie vivere dicimus quod in se ipso habet principium motus vel operationis cuiusque : ex hoc enim primo sunt dicta aliqua vivere quia visa sunt in se ipsis habere aliquid ea movens secundum quemcumque motum, et hinc processit nomen vitae ad omnia quae in se ipsis habent operationis propriae principium, unde et ex hoc quod aliqua intelligunt vel sentiunt vel volunt vivere dicuntur, non solum ex hoc quod secundum locum moventur vel secundum augmentum. Illud ergo esse quod habet res prout est movens se ipsam ad operationem aliquam, proprie dicitur vita rei quia « vivere viventis est esse », ut in II De anima dicitur : in nobis autem nulla operatio ad quam nos movemus est esse nostrum, unde intelligere nostrum non est vita nostra proprie loquendo nisi secundum quod vivere accipitur pro opere quod est signum vitae, et similiter nec similitudo intellecta in nobis est vita nostra ; sed intelligere Verbi est suum esse, et similiter similitudo ipsius, unde similitudo creaturae in Verbo est vita eius. Similiter etiam similitudo creaturae est quodam modo ipsa creatura per modum illum quo dicitur quod « anima quodam modo est omnia » ; unde ex hoc quod similitudo creaturae in Verbo est productiva et motiva creaturae in propria natura existentis, quodam modo contingit ut creatura se ipsam moveat et ad esse producat, in quantum scilicet producitur in esse et movetur a sua similitudine in Verbo existente, et ita similitudo creaturae in Verbo est quodam modo creaturae vita.

1. Ad primum ergo dicendum quod hoc quod creatura in Verbo existens dicitur vita non pertinet ad rationem propriam

RÉPONSE:

On doit répondre ceci: selon qu'elles sont dans le Verbe, les choses peuvent être considérées de deux manières; d'une première manière, par rapport au Verbe; d'une autre manière, par rapport aux choses existant dans leur nature propre. Dans les deux cas, la similitude* de la créature dans le Verbe est vie.

Nous disons, en effet, que vit au sens propre du terme ce qui a en soi-même le principe de tout mouvement ou opération*: d'où vient qu'en premier lieu ont été appelés vivants des êtres parce qu'on a repéré qu'ils avaient en eux-mêmes un [principe] les faisant mouvoir selon un quelconque mouvement. De là, le nom de vie s'est étendu à tout ce qui a en soi-même un principe d'opération propre: c'est pourquoi l'on dit aussi de quelques êtres qu'ils vivent du fait qu'ils connaissent, ou qu'ils sentent, ou qu'ils veulent, non pas seulement du fait qu'ils se mettent en mouvement en changeant de lieu ou de dimension. Cet être que possède une créature en tant qu'elle se meut elle-même pour accomplir une opération est donc appelé, au sens propre du terme, sa vie parce que «vivre est l'être du vivant», comme il est dit au livre II du traité *De l'âme*[136].

Or, en nous, aucune des opérations* pour lesquelles nous nous mettons en mouvement n'est identique à notre être, et donc, pour nous, ce que nous connaissons n'est pas notre vie à proprement parler, si ce n'est lorsqu'on prend le fait de vivre pour l'œuvre qui est signe de vie; et semblablement une similitude* intellectuelle n'est pas pour nous notre vie. Mais, pour le Verbe, le fait de connaître est identique au fait d'être, et pareillement la similitude de lui-même: par conséquent, la similitude de la créature dans le Verbe est sa vie. De même aussi, la similitude de la créature est d'une certaine manière la créature elle-même, de cette manière qui fait dire que «l'âme, en quelque sorte, est tout»[137]. Donc, du fait que la similitude de la créature dans le Verbe est à la source de l'être et du mouvement de cette créature existant dans sa nature propre, il résulte d'une certaine façon que la créature se meut elle-même et s'amène elle-même à l'être, à savoir dans la mesure où elle est amenée à l'être et où elle est mue par sa similitude existant dans le Verbe. Et c'est ainsi que la similitude de la créature dans le Verbe est, d'une certaine manière, la vie de la créature[138].

RÉPONSE AUX OBJECTIONS:

1. A la première objection, on doit répondre ceci: le fait que la créature existant dans le Verbe est appelée vie ne relève pas de la

creaturae sed ad modum quo est in Verbo, unde cum non sit eodem modo in se ipsa, non sequitur quod in se ipsa vivat quamvis in Verbo sit vita, sicut non est in se ipsa immaterialis quamvis in Verbo sit immaterialis; sed bonitas, entitas et huiusmodi pertinent ad propriam rationem creaturae, et ideo sicut secundum quod sunt in Verbo sunt bona ita etiam secundum quod sunt in propria natura.

2. Ad secundum dicendum quod similitudines rerum in artifice non possunt proprie dici vita quia non sunt ipsum esse artificis viventis nec etiam ipsa eius operatio sicut in Deo accidit; et tamen Augustinus dicit quod arca in mente artificis vivit: sed hoc est secundum quod in mente artificis habet esse intelligibile, quod ad genus vitae pertinet.

3. Ad tertium dicendum quod vita Spiritui Sancto attribuitur secundum hoc quod Deus dicitur vita rerum, prout ipse est in rebus omnibus movens eas ut sic modo quodam omnes res a principio intrinseco motae videantur; sed vita appropriatur Verbo secundum quod res sunt in Deo, ut ex dictis patet.

4. Ad quartum dicendum quod similitudines rerum in Verbo sicut sunt rebus causa existendi ita sunt rebus causa cognoscendi, in quantum scilicet imprimuntur intellectualibus mentibus ut sic res cognoscere possint, et ideo sicut dicuntur vita prout sunt principia existendi ita dicuntur lux prout sunt principia cognoscendi.

nature* propre de la créature, mais de son mode d'être dans le Verbe. Par conséquent, comme ce mode est différent de celui qu'elle a en elle-même, il ne s'ensuit pas que la créature vive en elle-même, bien qu'elle soit vie dans le Verbe, comme elle n'est pas en elle-même immatérielle bien qu'elle le soit dans le Verbe. Mais la bonté, l'entité et des choses de ce genre appartiennent à la nature propre de la créature, et c'est pourquoi, de même que [les créatures] sont bonnes selon qu'elles sont dans le Verbe, de même encore elles le sont selon qu'elles sont dans leur nature propre.

2. A la deuxième objection, on doit répondre que les similitudes* des choses dans l'artisan ne peuvent, à proprement parler, être appelées vie parce qu'elles ne sont ni l'être même de l'artisan qui vit, ni l'opération* même de celui-ci, contrairement à ce qui a lieu en Dieu. Cependant, Augustin dit[139] que le coffre vit dans l'esprit de l'artisan: mais c'est en tant que ce coffre, dans l'esprit de l'artisan, possède un être intelligible qui relève du domaine de la vie.

3. A la troisième objection, on doit répondre ceci: la vie est attribuée à l'Esprit-Saint d'après le fait que Dieu est appelé la vie des choses, en tant qu'il est lui-même dans toutes les choses, les mettant en mouvement de telle façon qu'elles paraissent mues, en quelque sorte, par un principe intrinsèque. Mais la vie est appropriée* au Verbe selon que les choses sont en Dieu, comme il ressort clairement de ce qui a été dit.

4. A la quatrième objection, on doit répondre ceci: de même que les similitudes* des choses dans le Verbe sont pour ces choses causes d'exister, de même elles sont pour ces choses causes de connaître, dans la mesure où ces similitudes sont gravées dans les intelligences afin que ces dernières puissent connaître les choses. Et c'est pourquoi, de même que [ces similitudes] sont appelées vie en tant qu'elles sont principes d'exister, de même elles sont dites lumière en tant qu'elles sont principes de connaître.

NOTES

ARTICLE 1

1. Lieux parallèles : *Super Sent.*, I, d. 27, q. 2, a. 1 ; *Comp. theol.*, I, c. 37 ; *S.th.*, I, q. 34, a. 1. Lectures utiles pour la compréhension de l'article : *Super ev. Jo.*, c. 1, lect. 1, § 25-28 ; *S.th.*, I, q. 13, a. 3 ; I-II, q. 93, a. 1, *ad* 2 ; voir aussi Albert le Grand, *Summa theol.*, I, tr. 8, q. 35, c. 3, a. 2 ; Bonaventure, *Super Sent.*, I, d. 27, p. 2, a. 1, q. 4.

2. Jean Damascène, *De fide orthodoxa*, II, c. 21. Thomas d'Aquin se réfère ici à un passage qui est une citation mot pour mot d'une phrase d'un traité, intitulé *De natura hominis* (c. 14), de Némésius d'Emèse. Ce traité du Ve siècle est souvent considéré comme le premier ouvrage complet d'anthropologie ; au temps de saint Thomas, il était attribué à Grégoire de Nysse : il est cité plusieurs fois sous ce nom dans la *Somme de théologie*.

3. Cf. Augustin, *De Trin.*, XV, c. 10, § 18.

4. *Mt* 15,18.

5. Cf. Augustin, *In Jo. ev. tract.*, I, c. 11-12. Dans ce passage, Augustin s'oppose violemment à la thèse arienne d'un Verbe créé. S'appuyant sur le Prologue de Jean, il en rappelle le début qui affirme la divinité du Verbe.

6. Cf. Aristote, *Eth. Nic.*, II, 5, 1106 a 29 ss.

7. Le mot latin *ratio* revêt de multiples significations, qui sont décrites par plusieurs auteurs médiévaux et, en particulier, par Thomas d'Aquin dans son traité *In Dion. de div. nom.* (c. 7, lect. 5). L'auteur reconnaît quatre sens principaux : le mot *ratio* signifie en premier lieu la faculté de connaître propre à l'homme ; il exprime aussi ce qui est fourni par l'activité de cette faculté, à savoir, soit la cause ou le motif, soit les comptes ou justifications, soit encore la nature même des choses exprimée par la définition et par le nom. Il faut avoir ce dernier sens à l'esprit pour comprendre le sens de l'expression *rationem signi habere* présente, ci-dessous, dans l'objection 7. « Il a raison de signe » veut dire « il est dans sa nature d'être signe », ou encore « il est justifié de l'appeler signe ». Le mot *ratio* est souvent utilisé dans le texte du *De verbo,* avec ses différentes significations : il pourra être traduit par l'argument, l'idée se rapportant à une œuvre créée (cf., ci-dessous, a. 7, obj. 2 et c.) et, dans l'expression *ratio*

dicti (cf., ci-dessous, a.5, c.), le sens d'un mot. Voir, sur le sujet, J.Péghaire, *Intellectus et ratio...*, p.14-18 ; G.E.Demers, *Les divers sens du mot ratio au moyen âge* ; G.M.M.Cottier, *Intellectus et ratio*, p.216-217.

8. Cf. Augustin, *De Trin.*, XV, c.10, §19 ; c.11, §20 ; c.14, §24. Voir aussi, du même auteur, *In Jo. ev. tract.*, I, c.8. On doit citer également Alexandre de Halès, *Summa theol.*, I, p.2, n.419, ainsi qu'Albert le Grand, *Super Sent.*, I, d.27, E, a.7.

9. L'cxplication de l'expression *rationem signi habere* est donnée, ci-dessus, dans la note 7. Le même exemple de signe (le collier attaché à la jarre) est retrouvé chez plusieurs auteurs du moyen âge, notamment dans leurs écrits sur les sacrements. Cf. *Summa Sent.*, tr.4, c.1 ; Albert le Grand, *De Sacramentis*, tr.1, q.2, *ad* 3 ; Bonaventure, *Super Sent.*, IV, d.1, p.1, a.1, q.2, *ad* 3.

10. Cf. Priscien, *Inst. Gramm.*, VIII, §1. Thomas d'Aquin s'y réfère explicitement en *Super Sent.*, I, d.27, q.2, a.1, obj.1.

11. Cf. Pseudo-Augustin, *Principia dialecticae*, c.6. Cet auteur donne les différentes étymologies attribuées au mot *verbum* pour montrer, par cet exemple, la grande subjectivité qui règne dans la recherche de l'origine des mots. Non content de citer, comme Priscien, *verberare aerem* (frapper l'air), il évoque aussi *verberare aurem* (frapper l'oreille), *veri bombus* (le bruit du vrai) et *verum boare* (faire retentir la vérité). L'auteur ajoute ironiquement : « Mais je crains que les partisans de cette dernière étymologie ne mentent eux-mêmes ! ».

12. Pour une explication de ce que sont la connaissance par essence et la connaissance par similitude, il faut se référer à saint Thomas lui-même : « C'est le propre de Dieu que son essence contienne toutes les réalités de manière immatérielle, en tant que les effets préexistent dans leurs causes. C'est pourquoi Dieu seul connaît tout par son essence » *(S.th.*, I, q.84, a.2, c.). A propos de l'intellect humain, saint Thomas dira plus loin : « L'objet connu est dans l'intellect par sa similitude... La similitude de la chose connue, qui constitue l'espèce intelligible, est la forme selon laquelle l'intellect connaît » *(ibid.*, q.85, a.2, c. et *ad* 1); voir également *C. Gent.*, I, c.46.

13. Anselme, *Monologion*, c.63. Thomas d'Aquin cite le même passage un peu plus loin (voir, ci-dessous, a.2, obj.2), ainsi qu'en *Super Sent.*, I, d.27, q.2, a.1, obj.3 et en *S.th.*, I, q.34, a.1, obj.2. Il le reprend aussi en *Super ev. Jo.*, I, 1, §26, pour affirmer là que le terme de *cogitare* est impropre lorsqu'il s'agit de Dieu. Il faut noter que le texte d'Anselme, tel qu'on le trouve dans l'édition de F.S.Schmitt *(Opera omnia*, I, p.73) comporte l'adverbe *quasi* devant *cogitando*, ce qui soulignerait la différence entre les modes de pensée humain et divin.

14. Cf. Augustin, *De Trin.*, XV, c.11, §20.

15. Si, dans les œuvres de Basile, on peut repérer facilement plusieurs passages traitant des noms attribués au Fils (verbe, lumière, sagesse), particulièrement dans le traité *De Spiritu sancto* au chapitre 8, il n'est pas possible, comme le souligne l'Edition léonine, de retrouver chez cet auteur la phrase citée ici par saint Thomas, telle qu'elle se présente avec son rythme caractéristique : *verbum secundum quod..., sapientia quo..., lux quo...* L'Edition léonine indique une autre source pour cette citation : une œuvre intitulée *Contra Arianos, Sabellianos ...dialogus* (II, c. 27), dans laquelle un auteur africain de la fin du Ve siècle, Vigile, évêque de Thapse, écrit une phrase possédant une cadence analogue à celle trouvée dans l'objection 11, où le mot « lumière » est également au sommet de la citation : « L'Ecriture divine, pour montrer l'impassibilité de la génération du Père, a dit que le Fils était pensée, sagesse, force, verbe, lumière. Pensée, par laquelle tout est conçu ; sagesse, par laquelle ce qui est conçu est disposé ; force par laquelle ce qui est disposé est accompli ; verbe par lequel ce qui est accompli est annoncé ; lumière par laquelle ce qui est annoncé devient clair ». Il faut souligner que l'on retrouve, en totalité ou en partie, ce même texte attribué à Basile chez Alexandre de Halès *(Summa theol.*, I, p. 2, n. 422), Albert le Grand *(Super Sent.*, I, d. 27, E, a. 4) et Bonaventure *(Super Sent.*, I, d. 27, p. 2, a. 1, q. 4), dans une transcription beaucoup plus fidèle à l'œuvre de Vigile que celle donnée ici par Thomas d'Aquin.

16. Cf. Augustin, *De Trin.*, XV, c. 10, § 19 ; c. 11, § 20.

17. Augustin, *De Trin.*, IX, c. 10, § 15. L'importance que Thomas d'Aquin attache à cette définition du verbe par Augustin se remarque au nombre de citations de celle-ci dans les œuvres de l'auteur médiéval : voir, par exemple, ci-dessous, a. 2, obj. 2 ; a. 3, obj. 3 ; *Super Sent.*, I, d. 15, q. 4, a. 1, *ad* 3 ; *ibid.*, d. 27, q. 2, a. 2, obj. 1; *S.th.*, I, q. 34, a. 1, obj. 2... L'insistance sur la nécessité de la présence de l'amour dans le Verbe est bien marquée par des phrases comme celles-ci : « Le Verbe, sans l'amour, ne peut être un Verbe parfait » *(Super Sent.*, d. 10, q. 1, a. 1, *sed contra* 1); « C'est pourquoi, chaque fois qu'il est une connaissance de laquelle ne résulte pas un amour parfait, il n'y a pas de similitude du Verbe, mais quelque chose de celle-ci » *(ibid.*, d. 15, q. 4, a. 1, *ad* 3).

18. Augustin, *De Trin.*, XV, c. 11, § 20. *Foris sonat... intus lucet* : comme le note G. Madec à propos de l'antithèse *foris admonet... intus lucet* relevée plusieurs fois dans les traités *De magistro* et *De libero arbitrio* d'Augustin, « le couple *foris-intus* forme, a-t-on dit, le 'système de coordonnées' de l'ontologie augustinienne... il s'associe naturellement dans l'esprit d'Augustin à d'autres couples : *sensibilia-intelligibilia, temporalia-aeterna*, et à l'occasion *carnalia-spiritalia* ... L'origine platonicienne de ces antithèses n'est pas douteuse » *(Dialogues philosophiques III, B.A.*, 6, note complémentaire 5, p. 540-541).

19. Cf. Richard de Saint-Victor, *De Trin.*, VI, c. 12.

20. Cf. Augustin, *De Trin.*, XV, c. 10, § 19. Si les termes de *cogitatio* et *consideratio* ont été traduits ici par le même mot de «pensée», il faut souligner que seule la *cogitatio*, au sens propre du terme, est humaine parce qu'elle implique le processus discursif de la raison, laquelle est définie par saint Thomas comme *vis cognotiva cum discursu (De verit.*, q. 24 *De libero arbitrio*, a. 3, *ad* 1). Dans la réponse à la première objection de l'article 1 du *De verbo*, l'auteur blâmera le Damascène et Anselme d'avoir utilisé *cogitatio* au lieu de *consideratio* pour définir le verbe : car ce dernier «*nihil aliud est quam id quod actu consideratur per intellectum*», comme il est dit, ci-dessous, dans le corps de l'article. Sur le sujet, il faut se reporter, non seulement à ce que dit saint Thomas à d'autres endroits sur la différence entre *cogitatio* et *consideratio* ou *contemplatio* (cf. *C. Gent.*, I, c. 56-57 ; *S.th.*, I, q. 34, a. 1, *ad* 2 ; II-II, q. 2, a. 1, c.; q. 53, a. 4, c.; q. 180, a. 3, *ad* 1), mais aussi aux passages traitant des rapports entre *intellectus* et *ratio* (voir, par exemple, *De verit.*, q. 15 *De rationi superiori et inferiori*, a. 1, c.; *Super Boet. de Trin.*, q. 6, a. 1, 3-3, *ad* 3 ; *S.th.*, I, q. 79, a. 8). On consultera avec intérêt J. Péghaire, *Intellectus et ratio...*; G.E. Demers, *Les divers sens du mot ratio...*, p. 121 ; G.M.M. Cottier, *Intellectus et ratio.*

21. L'Edition léonine donne ici le nom de Robert Kilwardby, archevêque de Cantorbéry et contemporain de Thomas d'Aquin, auteur du traité intitulé *Rationes super Priscianum*, lequel renvoie à l'œuvre du célèbre grammairien latin Priscien (cf. *Inst. Gramm.*, VIII, § 1, déjà citée, ci-dessus, dans la note 10). On pourrait se référer aussi à Alcuin *(Grammatica, De verbo)*, et à Boèce qui, dans son ouvrage *De interpretatione.*, I, *De verbo*, commente Aristote *(De interpretatione*, 3, 16 b 6 ss). Voir également Aristote, *Poet.*, 20, 1457 a 14 ss ; Platon, *Soph.*, 262 a ss.

22. Le verbe intérieur, qui est identique à ce que saint Thomas appelle quelques lignes plus loin le verbe du cœur, correspond à la phase ultime de l'acte de connaissance, que le même auteur nomme *intentio intelligibilis* : « L'intention intelligible est ce que l'esprit conçoit en lui-même de la chose qu'il connaît... elle est une similitude que l'intellect conçoit de la chose connue, et que les mots prononcés au-dehors révèlent ; de là vient que cette intention est appelée *verbe intérieur*, qui est révélé par le verbe extérieur » *(C. Gent.*, IV, c. 11). Le verbe du cœur est donc à la jonction du connaître et du dire : il appartient à ces deux domaines en tant que fruit de la pensée destiné à être proféré. Voir, sur le sujet, H.D. Simonin, *La notion d'« intentio »...*; G. Rabeau, *Species-verbum. L'activité intellectuelle élémentaire selon saint Thomas d'Aquin*, p. 63 ss, ainsi que, ci-dessous, les notes 24 et 52.

23. Cf. Boèce, *De interpr.*, I, *De verbo.*

24. On retrouve cette notion de triple verbe chez de nombreux auteurs plus anciens que saint Thomas, et celui-ci les cite en *Super Sent.*, I, d. 27, q. 2, a. 1, ainsi qu'en *S.th.*, I, q. 34, a. 1, c. Augustin, déjà, en *De Trin.*, XV, c. 10, § 19 et c. 11, § 20, reconnaît ces trois sortes de verbe, à savoir celui

qui comporte un son (verbe extérieur), celui qui contient la pensée d'un son, et celui qui est la pensée de telle ou telle réalité avant même toute image de son et qui, de ce fait, n'appartient à aucune langue (verbe de l'esprit ou verbe intérieur). Jean Damascène (cf. *De fide orthodoxa*, I, c. 13), se référant à un auteur grec du VIe siècle, Anastase d'Antioche, distingue le verbe fruit de l'intelligence en action, le verbe qui est énoncé dans le cœur et le verbe qui est proféré à l'extérieur. A ces auteurs, on doit joindre Albert le Grand qui écrit : « Les maîtres distinguent un triple verbe, celui de la chose *(verbum rei)*, celui de la voix et celui de l'image de la voix » *(Super Sent.*, I, d. 27, E, a. 7). Le *verbum rei*, qu'évoque aussi Anselme *(Monologion*, c. 10 et 48), et le *verbum cordis* signifient la même réalité : « Le verbe du cœur, que d'autres auteurs nomment aussi le verbe de la chose, est la similitude immédiate de la chose elle-même » (Thomas d'Aquin, *Super Sent.*, I, d. 27, q. 2, a. 1, c.). Voir, ci-dessus, la note 22.

25. Dans la *Summa aurea* (I, tr. 8, c. 8, q. 2), Guillaume d'Auxerre dit que le Père profère sa bonté par les créatures, qui représentent de ce fait une sorte de verbe extérieur du Père. Dans un sens un peu différent et plus proche de celui exprimé ici par Thomas d'Aquin, Albert le Grand *(Summa theol.*, II, tr. 1, q. 3, a. 4, p. 3) s'appuyant, d'une part sur l'Ancien Testament *(Ps* 18,5 ; *Jb* 12,7-8), d'autre part sur Basile de Césarée et Grégoire le Grand, écrit que les créatures peuvent être appelées 'verbes' parce que, par leur existence même, elles parlent du Créateur.

26. Cf. Aristote, *Phys.*, III,1, 201 a 9 ss ; 2, 201 b 31 ss.

27. Cf. Aristote, *De anima*, II, 5, 417 b ss ; III, 7, 431 a 7. L'opération qui est mouvement de ce qui est achevé correspond, d'après Aristote, à l'exercice d'une faculté mise en présence de son substrat (sensible ou intellectuel). Ce mouvement, cette opération ne changent pas celui qui les réalise et dont la faculté est parfaite. Ainsi en est-il de la sensation et aussi de l'exercice de la science chez le savant. En revanche, celui qui devient savant en acquérant la science subit, par l'étude, un changement et ce changement est mouvement de l'inachevé. On peut reconnaître par ces exemples deux façons de passer de la puissance à l'acte. Comme le dit J. Tricot *(De l'âme*, note 2, p. 190), l'être en acte actualise la puissance de deux manières : soit en faisant passer, par le mouvement, la puissance pure à l'*exis* (habitus ou faculté), soit, comme c'est le cas de la sensation ou de l'exercice de la science, par un mouvement tout différent, en développant les virtualités de l'être possédant les facultés correspondantes.

28. Cf. Anselme, *Monologion*, c. 48 : « Le verbe de la chose *(verbum rei)* est cette réflexion *(cogitatio)* tournée vers la similitude de la chose et formée à partir de la mémoire ». Rappelons que le *verbum rei* est identique au verbe du cœur ou verbe de l'esprit (cf., ci-dessus, les notes 22 et 24). Pour Jean Damascène, la référence est donnée, ci-dessus, dans la note 2. Voir aussi les commentaires de saint Thomas, concernant les passages sous

référence, en *Super Sent.*, I, d.27, q.2, a.1, *ad*3, et en *S.th.*, I, q.34, a.1, *ad*2.

29. La vérité de la chose signifie ici l'essence, la nature même de la chose, par opposition à la similitude dans laquelle l'essence, la nature ne sont pas conservées.

30. *Ratio signi* : cf., ci-dessus, la note 7.

31. Cf. Aristote, *Metaph.*, VIII, 2, 1042b 16ss.

32. Cf. Isidore, *Etymol.*, XVI, c.3. Voir aussi Thomas d'Aquin, *S.th.*, I, q.13, a.8, c.

33. Thomas d'Aquin dit plus haut, dans le corps de l'article (§2) : «De là provient la nécessité que le verbe intérieur soit cela même qui est signifié par le verbe extérieur... Le verbe proféré à l'extérieur signifie ce qui est connu... Le verbe intérieur est cela même qui est connu intérieurement». La distinction entre le verbe extérieur qui *signifie* et le verbe intérieur qui *est* ce qui est connu est capitale pour pouvoir comprendre la réponse à la neuvième objection telle que cette réponse se présente dans le ms. *Vat. lat. 781* et dans l'Edition léonine. Les éditions antérieures, ainsi que l'édition correspondant à l'*Index Thomisticus*, ne rendent pas utile cette distinction puisque, chez elles, il n'est question dans cette réponse que de *interius verbum* (cf., par exemple, Parme, IX, p.65 ; Marietti, p.78).

34. Cf. *Os* 13,8 et *Gn* 3,8. Voir aussi Thomas d'Aquin, *S.th.*, I, q.13, a.6, c.

35. Cf. Jean Damascène, *De fide orthodoxa*, I, c.9. Dans ce passage, l'auteur propose, non pas une, mais trois étymologies du mot *theos*, et saint Thomas en parle en *S.th.*, I, q.13, a.8, obj.1. *Theos* viendrait, soit de *theein* (courir), soit, comme il est indiqué ici, de *aithein* (brûler}, soit de *theasthai* (contempler). Jean Damascène n'a pas inventé ces étymologies, du moins les deux premières qu'on retrouve, avec leurs explications, chez Grégoire de Nazianze *(Orat.* 30, c.18) qui lui-même s'appuie, sans les nommer, sur «les gens subtils en la matière». Platon, déjà, dit dans le *Cratyle* (397d) que les dieux des premiers habitants de la Grèce, à savoir le soleil, la lune, la terre, les astres et le ciel, ont été nommés ainsi d'après leur faculté naturelle de courir *(theein).*

ARTICLE 2

36. Lieux parallèles : *Super Sent.*, I, d.27, q.2, a.2, sol.1 ; *De pot.*, q.9, a.9, *ad*7 ; *Super ev. Jo.*, c.1, lect.1, §29 ; *S.th.*, I, q.34, a.1. Voir aussi Albert le Grand, *Summa theol.*, I, tr.8, q.35, c.3, a.3 ; *Super Sent.*, I, d.27, E, a.6 ; Bonaventure, *Super Sent.*, I, d.27, p.2, a.1, q.1.

37. Cf., ci-dessus, a.1 (obj.5, *sed contra* 3 et *ad*5).

38. Cf. Aristote, *Metaph.*, IV, 7, 1012a23.

39. Augustin, *De Trin.*, IX, c. 10, § 15. Voir, ci-dessus, la note 17.

40. Anselme, *Monologion*, c. 63. Voir, ci-dessus, a. 1, obj. 9 et la note 13.

41. Cf. Anselme, *Monologion*, c. 62-63.

42. Cf. Augustin, *De Trin.*, VII, c. 1 § 1 ; c. 2, § 3. Dans ces chapitres, l'auteur souligne que le mot de verbe n'est pas un terme absolu, mais seulement relatif à celui auquel appartient le verbe, de même qu'on ne peut considérer le « disant » indépendamment du verbe sans lequel il n'est pas « disant ».

43. Anselme, *Monologion*, c. 63. Comme le dit Thomas d'Aquin (cf. ci-dessous, a. 2, *ad* 4), Anselme s'oppose ici à Augustin qui, lui, affirme l'existence, au sein de la Trinité, d'un « disant » unique, le Père. Voir aussi, ci-dessous, la note 52.

44. Cf. Augustin, *De div. quaest. 83*, q. 63. Dans sa réponse à l'objection 6, Thomas d'Aquin dira que le Verbe est *potentia operativa* procédant du Père ; il explique, en *De anima*, II, 5a, ce qu'est cette puissance opérative : « Etant donné que toute puissance se rapporte à son acte propre, la puissance opérative se rapporte à l'acte qui est une opération ». Un peu plus loin, dans l'article 5 *(sed contra* 1), les paroles mêmes d'Augustin seront citées, dans lesquelles il est dit que le mot *verbum* est préféré à *ratio* dans la traduction latine du *logos* grec pour que soient signifiées, non seulement la relation au Père, mais aussi la relation à ce qui a été fait de par sa puissance opérative. Le *Commentaire des Sentences* (I, d. 27, q. 2, a. 3, *ad* 2) ajoute que le Verbe est dit puissance opérative du Père *per modum artis* : il faut sans doute rapprocher cette assertion de celle qui est présente dans la réponse à la sixième objection de l'article 5, ci-dessous, à savoir que le Verbe est la *dispositio* même du Père concernant les choses à créer.

45. Cf. Augustin, *De Trin.*, VI, c. 2, § 3.

46. Cf. Priscien, *Inst. Gramm.*, XIV, § 14-15.

47. Cf. Richard de Saint-Victor, *De Trin.*, VI, c. 11-12.

48. Cf. Aristote, *Cat.*, 2, 1 a 16 ss.

49. Cf. Aristote, *Anal. post.*, I, 1, 71 a 1 : « Toute discipline et toute science résultent d'une connaissance antérieure ». Thomas d'Aquin cite ce passage en *C. Gent.*, II, c. 75, ainsi qu'en *S.th.*, I, q. 117, a. 1, il s'en inspire fortement en *De verit.*, q. 11 *(De magistro)*, a. 1, c., ces trois textes portant sur le problème de l'acquisition des connaissances.

50. Cf., ci-dessus, la note 12.

51. Aristote, *Top.*, II, 2, 110 a 16 ; VI, 10, 148 b 21. La même citation existe en *De verit.*, q. 17 *(De conscientia)*, a. 1, c., avec la référence à l'ouvrage d'Aristote.

52. On doit reconnaître, dans la conclusion de cet article, l'un des quelques cas d'une évolution assez nette de la pensée de saint Thomas entre

le *Super Sent.* et le *De verit.* En effet, en *Super Sent.*, I, d. 27, q. 2, a. 2, sol. 1, l'auteur dit qu'un verbe peut être attribué en Dieu, soit à l'essence, soit à la personne, puisqu'on ne sait pas si la relation qui unit le verbe à son origine est, en Dieu, une relation réelle ou une relation de raison. Seule l'autorité de l'Ecriture et des Pères fait affirmer alors à Thomas d'Aquin l'attribution du verbe, en Dieu, à une personne. Dans le *De verbo* et les écrits postérieurs, trois éléments nouveaux font progresser l'auteur. D'abord, il s'agit d'une compréhension différente de la notion de verbe intérieur : alors que, en *Super Sent.*, ce verbe est identifié à la *species intellecta* ou *similitudo ipsius rei intellectae,* c'est-à-dire à la première phase de l'acte intellectuel de connaître, il devient ici *conceptio intellectus, intentio intelligibilis,* ce qui constitue l'étape finale du processus intellectuel (cf., ci-dessus, la note 22). Le deuxième élément est la reconnaissance du fait que tout verbe, s'il a un rapport évident avec celui qui le dit, est d'une manière essentielle *procedens ab alio* : en Dieu donc, où il ne peut y avoir d'accident, le verbe entretient nécessairement avec celui qui le dit une distinction réelle. Le troisième élément de progression réside dans l'élimination de la confusion entre les *noms*, relatifs par essence ou par manière de parler, et les *êtres* qui ont entre eux des relations réelles ou des relations de raison ; ainsi le nom de verbe n'est pas un nom relatif par essence, mais le verbe lui-même implique une relation réelle avec ce dont il provient, à savoir celui qui le dit : voir sur le sujet, ci-dessous, les notes 85, 101 et 103. L'évolution de la pensée de saint Thomas au sujet du verbe est analysée, ou seulement évoquée, par H. Paissac *(Théologie du Verbe)*, M.D. Chenu *(Introduction à l'étude...*, p. 235-236), B. Lonergan *(La notion de verbe...*, p. 200-201), E.H. Wéber *(Le Christ selon saint Thomas d'Aquin*, p. 53-55) et J. Chênevert *(Le Verbum dans le Commentaire...)*.

53. Cf. Augustin, *De Trin.*, VII, c. 1, § 1 : « C'est au Verbe qu'il (le Père) doit d'être disant... au Verbe qui lui est égal, grâce auquel il s'exprime lui-même de façon permanente et immuable... Disant donc le Verbe coéternel, ce disant ne se prend pas à part, mais conjointement au Verbe lui-même, sans lequel, évidemment, il n'est pas disant... De même qu'il n'est pas disant à part soi mais par et avec le Verbe qu'il a engendré » (trad. M. Mellet et Th. Camelot, *B.A.*, 15, p. 504-505). La critique que Thomas d'Aquin adresse à Anselme au sujet de la confusion que cet auteur fait entre dire et connaître se renouvelle en *S.th.*, I, q. 34, a. 1, *ad* 3 : saint Thomas explique dans la *Somme* que la différence entre les deux termes repose sur la présence (dans le cas du dire) ou l'absence (dans le cas du connaître) d'une idée d'origine.

54. Le terme *virtute*, dans l'expression *a Patre virtute*, ne peut être considéré que comme une apposition. Il est curieux que n'ait pas été reprise ici la formule *virtus Patris* présente quelques lignes plus haut. Les éditions plus anciennes que l'Edition léonine donnent simplement ici *a Patre* (voir Parme, IX, p. 67 ; Marietti, p. 37).

55. Cf. Aristote, *Metaph.*, VI, 4, 1027b25 : «Le faux et le vrai, en effet, ne sont pas dans les choses... mais dans la pensée» (trad. J. Tricot, I, p. 344).

56. La réponse à la septième objection est particulièrement dense et difficile à comprendre. L'objection visait à mettre sur le même plan «verbe» et «amour», pour faire du Verbe un attribut essentiel en Dieu. Thomas d'Aquin tente de différencier ce qui procède de l'intelligence et ce qui procède de la volonté. «Ce qui procède» peut être, soit l'opération réalisée par l'agent et qui le perfectionne, ce qui ne met en jeu qu'une seule réalité subsistante (l'agent), soit l'œuvre réalisée par l'opération de l'agent et, dans ce cas, on pourra distinguer deux réalités subsistantes (l'agent et l'œuvre). Or, de la volonté n'émane rien qui subsiste en elle : il ne procède d'elle-même que des opérations. L'intelligence, en revanche, non seulement a son opération propre, mais le terme de son activité, à savoir le verbe intérieur, est une réalité subsistante distincte de l'intellect et demeurant en lui. L'amour est donc différent du verbe lequel, en tant que réalité subsistante, peut être affirmé comme attribut personnel. Il faut chercher dans la *Somme de Théologie* (I, q. 37, a. 1) la réponse à la question qui ne manque pas de se poser ici à propos de la procession, en Dieu, de l'Esprit-Saint, réalité subsistante issue de l'opération de la volonté divine. Dans la *Somme*, Thomas d'Aquin développe son analyse de l'amour : il y compare le verbe, issu de l'acte de connaissance, à l'«impression» produite par l'objet aimé dans celui qui aime, en regrettant la déficience de terminologie qui ne permet pas de nommer, autrement que par «l'amour qui procède», la relation que soutient avec son principe cette «impression» de l'objet aimé dans celui qui aime. En Dieu, cette relation est attribut personnel (de l'Esprit-Saint), tandis que la relation de celui qui aime à l'objet aimé reste attribut essentiel. Voir, sur le sujet, M.T.L. Penido. *Gloses sur la procession d'amour dans la Trinité,* ainsi que le compte-rendu de cet article par J.A. Robilliard.

ARTICLE 3

57. Lieux parallèles : *Super Sent.*, I, d. 27, q. 2, a. 2, sol. 2 ; *De pot.*, q. 9, a. 9, *ad* 8 ; *Super Hebr.*, c. 1, lect. 2, § 34 ; *Contra err. Graec.*, I, c. 12 ; *S.th.*, I, q. 34, a. 2. Voir aussi Anselme, *Monologion*, c. 63 ; Albert le Grand, *Summa theol.*, I, tr. 8, q. 35, c. 3, a. 4.

58. Thomas d'Aquin reprendra mot pour mot la citation latine dans son opuscule *Contra err. Graec.*, I, c. 12. Cette phrase, attribuée à Basile de Césarée, est en fait issue du *Libellus* (c. 58), appelé aussi *Liber de fide Trinitatis* (*E.L.*, XL, p. A7-A20), florilège composé probablement entre 1231 et 1236 par Nicolas de Cotrone et dans lequel les Pères grecs sont généralement cités de manière très approximative. Ainsi, le texte en question est une juxtaposition de deux passages pris dans des œuvres différentes de Basile : l'un provient du traité *De Spir. sancto* (c. 17, § 43), l'autre du livre V (dont l'authenticité est d'ailleurs douteuse) de *Adv. Eun.*. Il faut

noter, avec B. Pruche (cf. *S.C.*, 17 bis, p. 399), que le membre de phrase issu du *De Spir. sancto* est lui-même une citation très fidèle d'Athanase (cf. *Epist. I ad Ser.*, c. 21 ; voir aussi *Epist. III ad Ser.*, c. 1).

59. Augustin, *De Trin.*, IX, c. 10, § 15. Cf., ci-dessus, la note 17.

60. Cf. *Glossa interlinearis super He 1,3*, t. VI, col. 795-796. La *Glose* reprend ici les termes de Pierre Lombard lequel écrit, dans *Coll. in epist. Pauli, ad loc.* : « Le Fils lui-même porte tout, c'est-à-dire qu'il conserve dans l'être et qu'il gouverne tout par le verbe *(verbo)*, c'est-à-dire par la seule autorité *(solo imperio)* de sa vertu *(virtutis suae)*, c'est-à-dire de sa puissance et de sa bonté... ». Dans le commentaire de ce passage de l'Epître aux Hébreux, Pierre Lombard est dépendant de Jean Chrysostome, *In Epist. ad Heb.*, hom. 2. Thomas d'Aquin, en *Super Hebr.*, c. 1, lect. 2, § 35, pense qu'il est dangereux de substituer *imperium* à *verbum* comme le fait la *Glose*, en particulier parce que rien n'est conçu dans l'esprit de Dieu si ce n'est le Verbe éternel.

61. Cf. Pierre Lombard, *Sent.*, I, d. 45, c. 8 : dans ce texte, l'auteur parle de *praeceptio*, plutôt que d'*imperium*, comme l'un des signes de la volonté divine.

62. Augustin, *De Trin.*, VII, c. 2, § 3 : « De même, en effet, que Fils est relatif à Père et ne s'emploie pas en un sens absolu, pareillement, quand on parle de Verbe, Verbe est relatif à celui auquel appartient le Verbe. Il y a Fils du fait qu'il y a Verbe, et Verbe du fait qu'il y a Fils... » (trad. M. Mellet et Th. Camelot, *B.A.*, 15, p. 514-515). La dernière phrase de cette citation d'Augustin a été, en partie, reprise par Pie VI en 1794, dans les termes mêmes utilisés par Thomas d'Aquin citant Augustin de manière non littérale en *S.th.*, I, q. 34, a. 2, *ad 3* : « *Eo dicitur Verbum, quo Filius* » (cf. Denzinger-Schönmetzer, 2698). Voir aussi la citation du même passage d'Augustin chez Pierre Lombard, *Sent.*, I, d. 27, § 6.

63. Le *sanctus* représente, en langage médiéval, « tout Père de l'Eglise dont l'autorité était, avec la Bible, la source principale de l'enseignement » (J. Péghaire, *Intellectus et ratio...*, p. 129, note 2). Beaucoup d'écrivains anciens de l'Occident insistent effectivement sur l'attribution au Fils seul des noms de Verbe ou d'Image. Parmi ceux qui sont antérieurs au XIIIe siècle, il y a Augustin *(De Trin.*, VI, c. 2, § 3 ; VII, c. 1, § 1 ; XV, c. 17, § 29) auquel Thomas d'Aquin se réfère, avec Richard de Saint-Victor *(De Trin.*, VI, c. 11-12,18-20), en *Contra err. Graec.*, I, c. 10 ; Hilaire de Poitiers *(De Trin.*, II, c. 1); Anselme *(Monologion*, c. 63); Pierre Lombard *(Sent.*, I, d. 27,5 ; d. 28,6). Parmi les contemporains de Thomas d'Aquin, citons Albert le Grand *(Super Sent.*, I, d. 27, E, a. 8 ; d. 28, G, a. 9); Alexandre de Halès *(Summa theol.*, I, p. 2, n. 420 et 423); Bonaventure *(Super Sent.*, I, d. 31, p. 2, a. 1, q. 2)...

64. Thomas d'Aquin citera nommément plusieurs docteurs grecs, expliquant en détail leurs positions, en *Contra err. Graec.*, I, c. 10 et 12 ; II, c. 5. Bien que cet ouvrage prenne souvent ses références dans le *Libellus*,

qui est constitué davantage de gloses que de citations exactes des Pères (cf., ci-dessus, la note 58), il reste qu'on trouve dans de nombreux textes authentiques l'affirmation que l'Esprit-Saint est Image, et même Verbe, du Fils. Voir, par exemple, Grégoire de Césarée, *Expositio fidei* ; Athanase, *Epist. I ad Ser.*, c.24 ; Cyrille d'Alexandrie, *Thesaurus*, *assertio 33* ; Jean Damascène, *De fide orthodoxa*, I, c.13 ; *De imag.*, *or.III*, c.18. Thomas d'Aquin fait reposer ces positions orientales sur une interprétation particulière de certains passages de Paul et de Jean, à savoir *Rm* 8,29 ; *1Co* 15,49 ; *2Co* 3,18 ; *Jn* 16,13.

65. Les éditions du *De verbo* plus anciennes que l'Edition léonine, ainsi d'ailleurs que l'édition très récente rattachée à l'*Index thomisticus*, comportent ici le membre de phrase suivant : « *(aliquid in intellectu relinquitur) quod postea est principium manifestativum in eo* », qu'on peut traduire par « (dans l'intellect est demeuré en provenance de la chose elle-même quelque élément) qui est ensuite en elle principe de manifestation ». Cependant, une telle proposition ne se trouve pas dans le ms. *Vat. lat. 781*.

66. Cf. Basile, *Adv. Eun.*, V : voir, à ce sujet, les notes 58 et 64.

67. Cf., ci-dessus, l'objection 1 et la note 58.

68. Il s'agit de la *Glossa interlinearis super He 1,3*, citée, ci-dessus, dans l'objection 4. Voir la note 60.

ARTICLE 4

69. Lieux parallèles : *Super Sent.*, I, d.27, q.2, a.3 ; *Quodlibet.*, IV, q.4, a.1 ; *S.th.*, I, q.34, a.3 ; q.37, a.2, *ad* 3. Voir aussi Anselme, *Monologion*, c.33-34.

70. Cf. Anselme, *Monologion*, c.31. L'auteur de l'objection 2 ne retient du chapitre d'Anselme que les questions préliminaires posées pour amorcer le débat, et il en tire sa propre conclusion. Mais celle-ci est très éloignée de la solution proposée par Anselme : ce dernier ne nie aucunement l'identité du Fils et du Verbe proférant la créature. S'aidant de la comparaison entre un homme vivant et son portrait, Anselme conclut en effet de la manière suivante : « C'est pourquoi il apparaît avec une suffisante clarté que, dans le Verbe par qui tout a été fait, il n'y a pas une similitude des choses elles-mêmes mais une essence vraie et simple. En ce qui a été fait, en revanche, il n'y a pas d'essence simple et absolue, mais à peine une imitation de cette essence vraie ». Pour Anselme, le Verbe immuable et vrai n'est donc en aucune façon une similitude des choses créées ; les créatures, elles, sont à l'image du Verbe, établies à un degré d'essence et de dignité d'autant plus élevé qu'elles se rapprochent davantage de lui.

71. Sur la pluralité des idées en Dieu, pluralité qui n'est pas incompatible avec la simplicité divine, voir d'autres textes de Thomas d'Aquin : *Super Sent.*, I, d.36, q.2, a.2 ; *De verit.*, q.3 *(De ideis)*, a.2 ; *C.Gent.*, I,

c. 54 ; *S.th.*, I, q. 15, a. 2. L'auteur se réfère toujours à Augustin, *De div. quaest. 83*, q. 46.

72. Cf. Augustin, *De Trin.*, VI, c. 2 § 3 ; VII, c. 2 § 3. Voir aussi, ci-dessus, a. 3, c., et la note 62.

73. Cf. Anselme, *Monologion*, c. 33-34. Le titre du chapitre 33 donne la conclusion de la discussion menée par Anselme : « C'est par un Verbe unique et consubstantiel que l'Esprit souverain se dit lui-même et dit ce qu'il fait ». L'auteur fournit un argument intéressant : il ne saurait y avoir de création par un verbe créé, puisque l'Essence première ne peut être la ressemblance du verbe de la créature (cf. *ibid.*, c. 31 et, ci-dessus, la note 70), et qu'elle ne peut, de ce fait, rien dire par lui.

74. « Dieu dit... et ce fut fait »: cf. *Gn* 1, versets 3–5, 6–7, 9, 11, 14–15, 20, 24, 29–30.

75. Augustin, *De Gen. ad litt.*, II, c. 6, § 13-14. La citation, que Thomas d'Aquin donne dans les mêmes termes en *Super Sent.*, I, d. 27, q. 2, a. 3, obj. 1 et en *Quodlibet.*, IV, q. 4, a. 1, *sed contra*, n'apparaît pas ainsi chez Augustin, mais elle résulte d'un rapprochement de deux membres de phrase issus des paragraphes sous référence.

76. Pourquoi Thomas d'Aquin utilise-t-il ici, à propos de Dieu, le terme de *natura*, alors qu'il a employé celui de *substantia* dans les lignes précédentes en parlant de l'homme ? L'auteur souligne en plusieurs de ses œuvres l'équivalence des deux mots (cf. *Super Sent.*, III, d. 5, q. 1, a. 2, c.; *S.th.*, I-II, q. 110, a. 2, *ad* 2 ; *C. Gent.*, IV, c. 49), en se référant à Aristote. Un passage du *De pot.* (q. 9, a. 1, c.) fournit cependant une raison plus profonde de l'emploi du terme *natura* lorsqu'il s'agit de ce qui est commun aux personnes divines. Dans l'univers, on trouve plusieurs sujets pour une seule nature, ainsi plusieurs hommes pour une seule nature humaine. Tout ce qui appartient à une nature commune est signifié par le terme d'*essence* qui ne s'identifie pas à un sujet (ou substance) particulier, parce que celui-ci est individualisé par sa matière propre. Cependant, dans les substances simples sans matière, il n'y a pas de différence entre l'essence et le sujet (ou substance) : c'est le cas de Dieu où n'existe aucune différence entre son essence (ou nature) et sa substance. Ainsi donc, il n'y a nul obstacle, lorsqu'il s'agit de Dieu, à parler de nature à la place de substance.

77. Cf. Anselme, *Monologion*, c. 33-34 et, ci-dessus, la note 73.

78. Cf. Pseudo-Denys, *De div. nom.*, c. 9, § 6–7. Dans ce très beau passage, le Pseudo-Denys va beaucoup plus loin que ne le laisse supposer ici saint Thomas. L'auteur du traité *Sur les noms divins* prend grand soin, en effet, de distinguer deux sortes de similitude : d'une part, une similitude entre êtres de rang égal, à caractère de réciprocité et, d'autre part, une similitude entre Dieu et ses créatures, qui ne peut être réciproque : « Les auteurs sacrés disent... que Dieu, qui domine tout, en tant que Dieu, n'est pareil à personne, que c'est Lui qui accorde une ressemblance divine à qui se

tourne vers Lui en voulant imiter, autant que faire se peut, Celui qui dépasse toute limite et raison. La divine ressemblance a cette propriété de ramener toutes les choses produites à leur Auteur; si bien qu'il faut dire qu'elles sont semblables à Dieu, faites sur l'image de Dieu et à sa ressemblance, mais ajouter que Dieu ne leur ressemble pas, que l'homme même ne reproduit pas l'image spéciale de Dieu. En voici la raison: les êtres de rang égal peuvent être pareils entre eux; on peut les comparer successivement les uns aux autres; leur parité réciproque a pour base une forme semblable qui les domine. Entre la Cause et ses effets, nous ne pouvons admettre cette réciprocité... Les mêmes choses sont semblables et non semblables à Dieu: semblables, en tant qu'elles imitent, comme elles peuvent, l'inimitable; non semblables, en tant que les effets sont au-dessous de la Cause...» *(Dionysiaca*, I, p. 467-472).

79. Cf. Augustin, *De div. quaest. 83*, q. 46. Augustin identifie les idées aux formes *(formae)*, aux «espèces» *(species)* des choses, aux raisons qui sont au principe des êtres *(rationes principales)*. Parce que ces idées sont contenues dans la pensée divine, elles sont éternelles et immuables. Voir aussi Thomas d'Aquin, *De verit.*, q. 3 *(De ideis)*, a. 1, c.

80. Thomas d'Aquin dit, en *De verit.*, q. 2 *(De scientia Dei)*, a. 5, *ad* 5, au sujet de l'acte de connaissance: «Il n'est pas requis pour la connaissance une similitude de conformité de nature, mais une similitude de représentation», phrase analogue à celle dite ici à propos du Verbe; voir aussi *ibid.*, a. 3, *ad* 9; a. 5, *ad* 7; a. 13, *ad* 1; q. 7 *(De libro vitae)*, a. 5, *ad* 2; q. 8 *(De cognitione angelorum)*, a. 11, *ad* 3. La *repraesentatio* signifie le fait que l'objet est présent d'une certaine manière dans le sujet connaissant. Il n'y est pas présent par sa nature propre, mais il y est présent par sa *species*, comme le dit saint Thomas en *S.th.*, I, q. 85, a. 8, *ad* 3: «La similitude par laquelle nous connaissons est l'espèce *(species)* de l'objet connu dans le sujet connaissant». Or, dit encore le même auteur en *De verit.*, q. 7, a. 5, *ad* 2: «Représenter un objet, c'est posséder la similitude de cet objet»; (voir, sur le sujet, E. Gilson, *Le thomisme*, p. 274, note 32 et p. 285-287). De même, dans le Verbe, toute réalité est présente, non par sa nature propre, mais par le projet (ou idée, ou forme) de cette réalité, contenu dans le Verbe. Cependant il faut souligner que, dans le cas du Verbe, il s'agit d'une présence antérieure à l'objet et cause de l'être de cet objet; dans le cas de la connaissance humaine, il s'agit au contraire d'une présence postérieure à l'existence de l'objet et causée par lui.

81. Sur la différence existant entre le verbe et l'idée, voir aussi *S.th.*, I, q. 34, a. 3, *ad* 4: «Le nom d'idée est donné surtout pour signifier la relation à la créature: c'est pourquoi il est employé au pluriel en Dieu et il n'est pas attribué à une personne. Tandis que le nom de verbe est donné d'abord pour signifier la relation à celui qui le profère et, par voie de conséquence, la relation aux créatures, selon le fait que Dieu, en se connaissant, connaît toute créature: c'est pourquoi, en Dieu, il n'y a qu'un seul Verbe, et ce nom est attribué à une personne».

82. Cf., ci-dessus, les notes 62 et 72.

ARTICLE 5

83. Lieux parallèles: *Super Sent.*, I, d. 27, q. 2, a. 3; *Quodlib.*, IV, q. 4, a. 1; *S.th.*, I, q. 34, a. 3. Voir aussi Anselme, *Monologion*, c. 37; Albert le Grand, *Summa theol.*, I, p. 1, tr. 8, q. 35, c. 3, a. 5; Alexandre de Halès, *Summa theol.*, I, p. 2, n. 422; Bonaventure, *Super Sent.*, I, d. 27, p. 2, a. 1, q. 2.

84. Cf. Augustin, *De Trin.*, V, c. 16, § 17. Thomas d'Aquin se réfère explicitement à ce passage en *S.th.*, I, q. 13, a. 7, *sed contra*.

85. L'objection 2 est le fruit d'une confusion, dénoncée en *De pot.*, q. 7, a. 10, *ad* 11, entre les *noms* relatifs et les *réalités* relatives. L'explication concernant les *noms* relatifs est donnée, ci-dessous, dans le corps de l'article 5 (§ 2), et aussi dans la *Somme*: «Certains termes relatifs sont donnés pour signifier les états relatifs eux-mêmes, ainsi maître, serviteur, père, fils... sont appelés termes relatifs par essence. D'autres termes sont donnés pour signifier des réalités dont résultent certains états relatifs, ainsi moteur et mobile... sont appelés relatifs par manière de parler *(secundum dici)*» (*S.th.*, I, q. 13, a. 7, *ad* 1). Au § 1 du corps de l'article 5, ainsi que dans la réponse à l'objection 2, saint Thomas explique quelles sortes de relations peuvent entretenir entre elles les *réalités* relatives, à savoir soit des relations réelles, soit des relations de raison. Voir, ci-dessous, les notes 101 et 103.

86. Aristote, en *Cat.*, 7, 6 a 38 ss, souligne l'emploi du génitif pour indiquer la relation: ce cas, en grec, est aussi celui des compléments des comparatifs. Boèce, dans son ouvrage *In cat. Arist.*, *II*, *De relativis*, fait remarquer que, si le génitif est très utilisé en latin pour exprimer la relation, d'autres cas peuvent également servir, d'une part lorsque le génitif est exclu de l'un des sens de la relation, d'autre part lorsqu'il y a une relation de comparaison.

87. Cf. Anselme, *Monologion*, c. 33. L'objection déforme, pour les besoins de la cause, la pensée d'Anselme. Ce dernier ne nie pas qu'on puisse parler d'un Verbe des créatures (cf. *ibid.*, c. 32), mais il nie que ce Verbe puisse être, en quelque manière, semblable au verbe proféré par la créature: le Verbe, en effet, n'est pas une similitude de quelque chose de créé, mais il est la vérité de l'essence qui est au principe des choses (cf. *ibid.*, c. 31). Cette essence première ne dit rien par le verbe de la créature mais, par son propre Verbe, elle se dit elle-même et dit toutes choses.

88. La distinction entre *acte* et *puissance* vient d'Aristote: elle découle de l'expérience du changement et du devenir. «Certaines choses peuvent être, encore qu'elles ne soient pas, mais certaines choses sont déjà: ce qui peut être, mais n'est pas, on le dit être en puissance; ce qui est déjà, on le dit être en acte», précise Thomas d'Aquin *(De princ. nat.*, c. 1). Et encore:

«Quelque chose est dit parfait selon qu'il est en acte: car est dit parfait celui à qui il ne manque rien de ce qui se rapporte à sa perfection» *(S.th.,* I, q.4, a.1, c.). Voir aussi *In Metaph.,* IX, 3–4; *C. Gent.*, I, 16; *S.th.*, I, q.3, a.1, c.; q.105, a.1, c.; III, q.10, a.3, c. A la racine même de l'être, l'*acte* qui fait exister la *substance* à partir de la *materia prima,* c'est la *forme*: «La forme donne l'être à la matière... Tout ce par quoi une chose a l'être, soit substantiel, soit accidentel, peut être dit forme... Et parce que la forme fait que l'être est en acte, on dit que la forme est acte. Ce qui fait que l'être substantiel est en acte est appelé forme substantielle, et ce qui fait que l'être accidentel est en acte est appelé forme accidentelle» *(De princ. nat.,* c.1). Rappelons que l'*accident,* dans le langage aristotélicien, représente une détermination non essentielle perfectionnant la substance: c'est «l'être d'un être», qui n'a d'existence que relative et empruntée (cf. E. Gilson, *Le thomisme,* p.172, note 42).

89. L'idée de la nécessité de l'existence concomitante des deux termes d'une relation, redite ci-dessous dans le corps de l'article, est déjà présente en *De verit.*, q.2 *(De scientia Dei)*, a.3, *sed contra* 2. Elle est reprise d'Aristote, *Cat.*, 7, 8 a 35 ss, comme Thomas d'Aquin lui-même l'indique en *Super Sent.*, I, d.35, q.1, a.2, *sed contra* 2; II, d.38, q.1, a.4, c.

90. Cf. Pseudo-Denys, *De div. nom.*, c.2, §1,5,11.

91. Thomas d'Aquin dit, en *S.th.*, I, q.39, a.7: «Manifester les personnes divines au moyen des attributs essentiels, c'est ce qu'on nomme appropriation... Quand on approprie les attributs essentiels aux personnes, on n'entend pas les déclarer propriétés personnelles». «Approprier, dit G. Rotureau *(Encyclopédie Catholicisme*, I, col. 744), c'est attribuer, de façon préférentielle mais non exclusive, à l'une ou l'autre des personnes de la Trinité des qualités ou des opérations qui, en fait, leur sont communes».

92. Citons plutôt d'abord Aristote, *Cat.*, 7, 6 a 36ss: «On appelle relatives ces choses dont tout l'être consiste en ce qu'elles sont dites dépendre d'autres choses, ou se rapporter de quelque autre façon à autre chose» (trad. J. Tricot, p.29). Toutefois, toujours selon Aristote, une chose peut être relative, non pas à une seule autre chose, mais à un nombre défini de choses (cf. *Metaph.*, IV, 6, 1011 b 8). D'autre part, ce n'est que pour les choses relatives selon le nombre ou selon la puissance que l'essence réside dans la relation à l'autre. Il n'en est pas de même pour les choses dont les relations sont celles du mesuré à la mesure, du connaissable à la connaissance, du sensible à la sensation (cf. *ibid.*, V, 15, 1021 a 26 ss).

93. Cf. Boèce, *De divis.*, et Thomas d'Aquin, *De verit.*, q.2 *(De scientia Dei)*, a.11, obj.7: dans ces textes, une troisième application du nom de chien est donnée, à savoir la constellation ainsi appelée.

94. L'Edition léonine mentionne ici Lambertus Altissiodorensis, *Summulae logicales*, *De praedicamentis* (ms. *Paris B.N. lat. 16617*, f.84r).

95. Augustin, *De div. quaest. 83*, q.63. Cf., ci-dessus, la note 44.

96. *Ps* 62,12 (Septante et Vulgate: 61,12). Voir aussi *Jb* 33,14.

97. *Glossa marginalis super Ps 61,12*, t. III, col. 873-874, qui reproduit Pierre Lombard, *Comm. in Ps.*, *ad loc.*. La *Glose* cite Augustin, dont Pierre Lombard s'inspire fortement: cf. Augustin, *Enarr. in Ps 61*, § 18-19; *De Gen. ad litt.*, II, c. 6, § 13. La *Glossa marginalis super Jb 33,14* reproduit, quant à elle, Grégoire le Grand, *Moral.*, XXIII, c. 19, § 34-35, lequel dit notamment: «Parler, pour Dieu, c'est avoir engendré le Verbe».

Ci-dessus, dans l'article 4 *(ad* 3) du *De verbo*, il est dit que le Verbe peut être appelé *dispositio creaturarum* à condition de comprendre l'expression comme signifiant *dispositio genita,* puisqu'il faut toujours rapporter un verbe à celui qui l'exprime. C'est ici, sous d'autres termes, la même affirmation: *Verbum aeternaliter genuit (Deus) in quo omnia disposuit*, et l'on trouve encore la même idée exprimée différemment, ci-dessous, dans la réponse à l'objection 6: le Verbe est *ipsa Patris dispositio de rebus creandis.* Il reste à souligner la difficulté de traduire correctement en français le mot *dispositio.* La *Somme* dit bien: «*dispositio autem potest dici tam ratio ordinis rerum in finem, quam ratio ordinis partium in toto*» (I, q. 22, a. 1, c.). Cependant, les sens exacts de *ordo* et *ratio ordinis* sont eux-mêmes difficiles à rendre en français.

98. Cf. Anselme, *Monologion*, c. 33-34. Voir aussi, ci-dessus, la note 73.

99. Pseudo-Denys, *De div. nom.*, c. 7 § 4. Il faut lire le passage entier du traité du Pseudo-Denys, qui dit en outre que la Parole de Dieu possède en elle les causes de l'univers créé: «L'Ecriture Sainte célèbre encore Dieu comme Parole, non seulement parce qu'il est le distributeur de la parole, de la pensée, de la sagesse, mais aussi parce qu'il possède d'avance en soi, dans l'unité, les causes de tous les êtres» *(Dionysiaca*, p. 408).

100. Cf. Jean Damascène, *De fide orthodoxa*, I, c. 7, cité aussi par Alexandre de Halès, *Summa theol.*, I, p. 2, n. 422.

101. Cf. *S.th.*, I, q. 13, a. 7, c.: «Une relation est parfois réalité de nature pour l'un des extrêmes, et seulement réalité de raison pour l'autre; il en est ainsi chaque fois que les deux extrêmes ne sont pas du même ordre. Par exemple, les sens et la science se rapportent au sensible et au connaissable: or, le sensible et le connaissable, en tant qu'ils représentent certaines choses de l'ordre de la nature, sont étrangers à l'ordre du sensible et du connaissable. C'est pourquoi, dans la science et les sens, il existe une relation réelle selon laquelle ils sont ordonnés à connaître ou à percevoir les choses; mais celles-ci, considérées en elles-mêmes, sont en-dehors d'un ordre de ce genre: en conséquence, il n'existe réellement en elles aucune relation à la science et aux sens, mais il existe seulement une relation de raison dans la mesure où l'intellect les considère comme les fins des relations de la science et des sens». Voir aussi *De pot.*, q. 7, a. 10, c.

102. Cf. Aristote, *De interpr.*, 1, 16a 3ss, passage dont Thomas d'Aquin donne la référence en *De verit.*, q. 2 *(De scientia Dei)*, a. 1, c. et en

S.th., I, q. 13, a. 1, c. Dans la *Somme de théologie* se trouve l'explication de l'expression *signa intellectuum*: « Selon le Philosophe au début de son traité *Sur l'interprétation*, les mots sont les signes des conceptions de l'intellect *(voces sunt signa intellectuum)* et les conceptions de l'intellect sont les similitudes des choses *(et intellectus sunt rerum similitudines)* ».

103. Cf. *De verit.*, q. 2 *(De scientia Dei)*, a. 9, *ad* 4. Sur le sujet, il faut se reporter aussi à *S.th.*, I, q. 13, a. 7, c.: « Puisque Dieu est en-dehors de tout l'ordre de la création, et que toutes les créatures sont ordonnées à lui, et non l'inverse, il est clair que les créatures se rapportent réellement à Dieu. Mais, en Dieu, il n'existe aucune relation réelle aux créatures, il existe seulement une relation de raison en tant que les créatures se rapportent à lui ». Voir aussi *ibid.*, q. 28, a. 1 et *De pot.*, q. 7, a. 10 et a. 11. Il est intéressant de lire, sur le sujet, l'article de M.T. Liske, *Die sprachliche Richtigkeit bei Thomas von Aquin.*

104. La *qualité* est l'une des dix catégories d'Aristote, l'un des neuf accidents de la substance. Selon saint Thomas : « La qualité est la disposition de la substance » (*S.th.*, I, q. 28, a. 2, c.). « La qualité, au sens propre du terme, implique un certain mode de substance » (*ibid.*, I-II, q. 49, a. 2, c.). A côté de la qualité accidentelle *(qualitas accidentalis)* existe la qualité essentielle ou substantielle *(qualitas essentialis seu substantialis seu quae est differentia substantiae)*, qui se confond avec la nature ou forme des choses : « Désigner la substance avec sa qualité, c'est désigner la substance avec sa nature ou forme déterminée dans laquelle elle subsiste »*(ibid.*, I, q. 13, a. 1, *ad* 3). « Une des sortes de qualité est la suivante : elle est appelée différence de la substance, différence par laquelle une chose diffère substantiellement d'une autre et qui entre dans la définition de la substance » *(In Metaph.*, V, 16). C'est à la qualité essentielle qu'il est fait référence ici, dans le texte du *De verbo*. Les deux genres de qualité sont bien décrits dans cet autre passage : « De même que ce d'après quoi est déterminée la puissance de la matière selon l'être substantiel est appelé qualité qui est différence de la substance, de même ce d'après quoi est déterminée la puissance du sujet selon l'être accidentel est appelé qualité accidentelle, laquelle est aussi une certaine différence » *(S.th.*, I-II, q. 49, a. 2, c.).

105. Cf. Augustin, *De Trin.*, VII, c. 2, § 3 ; c. 3, § 4.

106. Thomas d'Aquin, dans son commentaire *In Post. Anal.*, I, lect. 23, parle aussi de convertibilité *(convertentia)* et d'effets convertibles. Ces effets convertibles, dit L. Schütz (p. 263), sont des effets qui se rapportent à leurs causes de telle façon qu'ils présupposent toujours ces causes et qu'ils sont toujours produits par elles.

107. L'adjectif *casuali*, impossible à traduire ici correctement, a été pris dans le sens du substantif *casui*. Dans les éditions plus anciennes, le membre de phrase est différent et de compréhension plus facile : « *per praepositionem adjunctam casui* » (cf., par exemple, Marietti, p. 41).

108. Cf., ci-dessus, le corps de l'article (dernier paragraphe).

ARTICLE 6

109. Lieu parallèle : *S.th.*, I, q. 18, a. 4, *ad* 3. Voir aussi Anselme, *Monologion*, c. 35-36 ; Bonaventure, *Super Sent.*, I, d. 36, a. 2, q. 2. Pour la compréhension générale de l'article, il est recommandé de lire Thomas d'Aquin, *De verit.*, q. 1 *(De veritate)*, a. 2.

110. Il paraît indispensable de traduire l'adverbe au comparatif *verius* par son correspondant exact, et non par un adjectif qui rendrait la traduction plus légère, pour laisser au verbe *esse* tout son sens de posséder le fait d'être, d'avoir une réalité.

111. Cf. Anselme, *Monologion*, c. 36. Les choses sont en elles-mêmes plus véritablement que dans leurs similitudes telles qu'elles existent dans notre propre science, dit Anselme. Celui-ci, préparant la voie à Thomas d'Aquin, montre ensuite que le dire et le savoir de Dieu sont, eux, très supérieurs et beaucoup plus vrais que les substances créées, à tel point que ces dernières sont dans le Verbe plus véritablement qu'en elles-mêmes.

112. Cf. Augustin, *De Trin.*, IX, c. 11, § 16. Toute connaissance véritable, dit l'auteur dans ce passage, est similitude de la chose connue. Cependant, selon la nature de l'objet de connaissance, cette similitude peut être inférieure, égale ou supérieure à cet objet. Inférieure lorsqu'il s'agit de Dieu que nous ne connaissons pas autant qu'il se connaît lui-même, elle est égale à son objet lorsque c'est l'âme elle-même qui se connaît. Mais l'image d'un corps matériel dans l'âme est, selon Augustin, supérieure à ce corps, étant donné la supériorité de l'âme sur les réalités matérielles.

113. En *Super Sent.*, II, d. 15, q. 1, a. 2, c., Thomas d'Aquin se réfère, à propos du fait que l'œuvre est en puissance dans celui qui la produit, à Averroès, *Metaph.*, XII (p. 266-267). Voir aussi Thomas d'Aquin, *De verit.*, q. 1, a. 2, c., ainsi qu'Albert le Grand, *Summa theol.*, I, tr. 15, q. 61, m. 2, obj. 5.

114. Anselme écrit, en *Monologion*, c. 36 : « Toute substance créée est dans le Verbe, c'est-à-dire dans l'intelligence du Créateur, plus véritablement qu'en elle-même, dans la même mesure où l'essence créatrice est plus vraie que l'essence créée ». Cette pensée que la créature est, dans le Verbe, essence créatrice a été reprise par plusieurs auteurs médiévaux, en particulier par Alexandre de Halès *(Glossa in Sent.*, I, d. 8, n. 29) et par Bonaventure *(Super Sent.*, I, d. 36, a. 2, q. 1). Voir aussi Thomas d'Aquin, *Super ev. Jo.*, lect. 2, p. 3, § 91.

115. Dans plusieurs de ses œuvres (cf., par exemple, *Parménide*, 130 b-135 c ; *Phédon*, 100 c ss ; *Timée*, 51 b-52 d), que saint Thomas n'a d'ailleurs pas toutes connues, Platon expose ses arguments en faveur des Idées, réalités séparées des choses sensibles particulières, dont l'existence est, selon lui, exigée par la science et aussi par la pensée susceptible de conserver en elle-même, sans changement, les notions des choses sensibles disparues. Aristote

critique sans ménagement cette théorie des Idées, particulièrement en *Metaph.*, I, 6, 987b 4ss; I, 9, 990b 1ss; III, 2, 997b 6ss; VII, 6, 1031b 12ss; VII, 11, 1036b 22ss; VII, 14, 1039a 23ss; (voir, sur le sujet, L. Robin, *La théorie platonicienne des Idées et des Nombres d'après Aristote*, p. 13-198). Selon J.A. Beckaert *(B.A.*, 10, *De div. quaest. 83*, note 44, p. 726), Philon d'Alexandrie et, après lui, des auteurs chrétiens tels que Clément d'Alexandrie, Origène, Hippolyte, identifient l'ensemble des Idées platoniciennes avec la Pensée divine créatrice. Dans son traité *De div. quaest. 83*, q. 46, Augustin écrit: «Chaque chose fut créée suivant une formule *(ratio)* spéciale; mais ces formules, où les trouver sinon dans la pensée même du Créateur?... Que si ces formules essentielles de toutes choses créées ou à créer sont contenues dans la pensée divine, et qu'il ne peut rien y avoir dans la pensée divine que d'éternel et d'immuable, et que ce sont ces raisons-principes des choses que Platon appelle Idées: non seulement il y a des Idées, mais elles sont vraies parce qu'éternelles et qu'elles demeurent immuablement ce qu'elles sont, et c'est en y participant qu'existe tout ce qui existe quel qu'en soit le mode d'être» (trad. G. Bardy et coll., *B.A.*, 10, p. 127). A son tour, Thomas d'Aquin s'exprime ainsi en *De verit.*, q. 3 *(De ideis)*, a. 1, c.: «Platon a affirmé l'existence des Idées. Mais la forme exemplaire, ou Idée, a d'une certaine façon raison de fin... Or, il ne convient pas de dire que Dieu agit à cause d'une fin différente de lui et qu'il reçoit d'ailleurs... Il nous est impossible de dire que les Idées existent en-dehors de Dieu, nous affirmons qu'elles existent seulement dans l'esprit divin».

116. Pour une explication détaillée de ce qu'est l'homme séparé, voir Thomas d'Aquin, *In Dion. de div. nom.*, Prol. II: «Les Platoniciens ont affirmé l'existence des espèces séparées, disant qu'il existe l'homme sans matière, le cheval sans matière, et ainsi pour toutes les espèces rencontrées dans la nature. Ils ont dit que l'homme particulier, sensible, n'est pas cela même qu'on appelle homme, mais il est dit homme par sa participation à l'homme séparé. En conséquence, il y a dans l'homme sensible quelque chose qui n'appartient pas à l'espèce humaine: c'est la matière individuelle et autres choses du même genre. Mais, dans l'homme séparé, tout appartient à l'espèce humaine. Ils ont donc appelé l'homme séparé 'homme en soi' puisqu'il n'a rien qui ne soit entièrement humain. Ils l'appellent aussi 'homme primordial' du fait que l'humanité se répand dans les hommes sensibles à partir de cet homme séparé par mode de participation. On peut dire aussi que l'homme séparé est au-dessus des hommes, qu'il est l'humanité de tous les hommes sensibles, du fait que la nature humaine lui appartient à l'état pur et que, à partir de lui, elle se répand dans les hommes sensibles».

117. Cf. Pseudo-Denys, *De div. nom.*, c. 2, § 8; c. 9, § 6–7. Voir aussi, ci-dessus, la note 78.

118. En *De verit.*, q. 11 *(De magistro)*, et dans plusieurs articles de la *Somme de théologie*, Thomas d'Aquin explique quelles sont les causes qui

agissent de manière équivoque et celles qui agissent de manière univoque. «Il y a des agents qui possèdent en eux-mêmes tout ce qui est causé par eux dans leurs effets, ou bien selon un mode identique comme c'est le cas pour les agents univoques, ou bien selon un mode plus éminent comme c'est le cas pour les agents équivoques» *(De magistro*, a.2, c.). L'agent univoque est celui dont le nom et la définition coïncident avec ceux des effets qu'il produit (cf. *S.th.*, I, q.13, a.5, obj.1) et qui est donc de même nature ou de même espèce que ceux-ci: ainsi l'homme est la cause univoque de l'homme qu'il engendre (cf. *ibid.*, q.4, a.2, c.). L'agent équivoque, en revanche, est celui qui possède une nature différente de celle de l'effet et dont les perfections dépassent nécessairement celles de l'effet: l'exemple ici donné du soleil, cause équivoque de la chaleur qu'il produit, est retrouvé dans les textes de la *Somme* cités ci-dessus. Thomas d'Aquin écrira aussi (cf. *S.th.*, I, q.13, a.5, *ad* 1) que la cause universelle, qui ne peut être un agent univoque, ne doit pas non plus être appelé un agent équivoque parce que, dans ce cas, il lui serait impossible de produire un effet qui lui soit semblable, mais qu'il faut l'appeler agent analogue. Sur l'analogie des noms attribués à Dieu et aux créatures, voir *De pot.*, q.7, a.7, c., et *C. Gent.*, I, c.32-34.

119. *Veritas rei, veritas praedicationis*: cf. Aristote, *Metaph.*, VI, 4, 1027b 25ss: «Le faux et le vrai... ne sont pas dans les choses... mais dans la pensée» (trad. J. Tricot, I, p.344). Thomas d'Aquin expliquera, en *S.th.*, I, q.16, a.1, c., dans quelle mesure on peut parler aussi de la vérité de la chose: «La fin de la connaissance, qui est le vrai, est dans l'intellect lui-même. Toutefois..., étant donné que le vrai est dans l'intellect en tant que celui-ci est conformé à la chose connue, il est forcé que ce mot de vrai revienne à la chose connue: celle-ci sera donc dite vraie en tant qu'elle se rapporte à un intellect. Mais une chose peut se rapporter à un intellect, soit essentiellement, soit accidentellement. Elle a un rapport essentiel à l'intelligence dont dépend son être même. Elle a un rapport accidentel à l'intellect dont elle peut être connue... Or on juge d'une chose, non selon ses caractères accidentels, mais selon ses caractères essentiels. En conséquence, on dira d'une chose qu'elle est vraie, absolument parlant, en la rapportant à l'intellect dont elle dépend. Ainsi, les choses produites par notre art sont dites vraies par référence à notre intellect... De même, les choses de la nature sont dites vraies en tant qu'elles sont conformes à la similitude des idées contenues dans l'esprit divin... Ainsi donc, la vérité est principalement dans l'intellect mais, à titre secondaire, dans les choses en tant qu'elles sont rapportées à l'intellect qui constitue leur principe». Voir aussi *De verit.*, q.1 *(De veritate)*, a.2 et a.4; *Super Sent.*, I, d.19, q.5, a.1, c.

120. Cf., ci-dessus, la note 119.

121. La puissance active est considérée ici comme le fait de celui qui ne subit aucun changement lors de l'opération qu'il réalise, par suite de la perfection de ses facultés: cf., ci-dessus, la note 27. La puissance active est au principe de tout acte (cf. *S.th.*, I, q.25, a.1, c.), que celui-ci soit dirigé

vers l'extérieur ou qu'il s'arrête au sujet agissant « comme la vision chez celui qui voit » *(De verit.*, q. 14 *De fide,* a. 3, c.).

122. « Platon est critiqué » par Aristote : voir, ci-dessus, la note 115.

ARTICLE 7

123. Lieux parallèles : *De verit.*, q. 2 *(De scientia Dei)*, a. 8, *ad* 4 ; *S.th.*, I, q. 34, a. 3, *ad* 5. Voir aussi Anselme, *Monologion*, c. 32.

124. Cf. *De verit.*, q. 2 *(De scientia Dei)*, a. 8, c.

125. Augustin, *De Trin.*, VI, c. 10, § 11.

126. Augustin, *De div. quaest. 83*, q. 63.

127. Anselme, *Monologion*, c. 32.

128. Cf. *Glossa marginalis super Ps 61,12*, t. III, col. 873-874. Ce passage de la *Glose* est cité ci-dessus (a. 5, *sed contra* 2 ; voir la note 97) et reproduit Pierre Lombard. Sur l'idée spécialement exprimée ici, à savoir que la Parole de Dieu est son agir même, on peut ajouter aux références de la note 97 un autre passage d'Augustin en *Conf.*, XI, c. 7, § 9 : « C'est bien par le Verbe, coéternel à toi-même, que, ensemble et éternellement, tu dis tout ce que tu dis, et que se fait toute chose dont tu dis qu'elle se fasse ; et tu ne fais pas autrement qu'en disant » (trad. E. Tréhorel et G. Bouisson, *B.A.*, 14, p. 286-287).

ARTICLE 8

129. Lieux parallèles : *C. Gent.*, IV, c. 13 ; *Super ev. Jo.*, c. 1, lect. 2, p. 3 ; *S.th.*, I, q. 18, a. 4. Voir aussi Anselme, *Monologion*, c. 35 ; Pierre Lombard, *Sent.*, I, d. 35, c. 5 ; Bonaventure, *Super Sent.*, I, d. 36, a. 2, q. 1.

130. Cf., ci-dessus, a. 6, obj. 3, ainsi que la note 113.

131. *Jn* 6,63 dans les bibles modernes.

132. Cf., par exemple, *2Co* 3,6 et *Ga* 5,25.

133. Cf., ci-dessus, a. 3, c.

134. Thomas d'Aquin reprend, pour *Jn* 1, 3b–4, la ponctuation d'Augustin : celui-ci s'en explique longuement dans plusieurs de ses œuvres (cf. *In Jo. ev. tract.*, I, c. 16 ; *De Trin.*, IV, c. 1, § 3 ; *De Gen. ad litt.*, V, c. 14, § 31). En *Super ev. Jo.*, c. 1, lect. 2, p. 3, ainsi qu'en *Cat. aurea in Jo.*, I, 7, Thomas d'Aquin énumère les différentes ponctuations adoptées par les auteurs chrétiens anciens. En dehors d'Augustin, il cite Origène *(Quod factum est in ipso, vita erat)*, Hilaire *(Et sine ipso factum est nihil, quod factum est in ipso. Vita erat.)*, et Chrysostome *(Et sine ipso factum est nihil quod factum est. In ipso vita erat.)*. La ponctuation de Chrysostome a triomphé en Orient car, dit saint Thomas, « Chrysostome jouit chez les Grecs d'une telle autorité dans ses explications que, là où il a commenté un

passage de la sainte Ecriture, ils n'admettent aucun autre commentaire» *(Super ev. Jo.*, c. 1, lect. 2, p. 3, § 94). Signalons que, dans les bibles actuelles en Occident, on trouve selon les cas la ponctuation de Chrysostome ou celle d'Augustin, les autres ponctuations étant généralement mentionnées en note et admises.

135. Aristote, *Phys.*, VIII, 1, 250 b 14.

136. Aristote, *De anima*, II, 4, 415 b 13.

137. Aristote, *De anima*, III, 8, 431 b 21, référence indiquée en *De verit.*, q. 1 *(De veritate)*, a. 1, c.

138. Thomas d'Aquin donnera des explications complémentaires sur cette difficile question de la vie des créatures dans le Verbe en *Super ev. Jo.*, c. 1, lect. 2, p. 3, § 91 : «Les choses peuvent être considérées de deux façons, selon ce qu'elles sont en elles-mêmes et selon ce qu'elles sont dans le Verbe. Si on les considère selon ce qu'elles sont en elles-mêmes, toutes les choses ne sont pas vie ni même vivantes, mais certaines sont inanimées tandis que d'autres vivent. Ainsi la terre a été faite, et aussi les métaux, qui ne sont pas vie et qui ne vivent pas ; les animaux et les hommes ont été faits qui, considérés en eux-mêmes, ne sont pas vie mais vivent seulement. Si maintenant on considère les choses selon ce qu'elles sont dans le Verbe, non seulement elles sont vivantes, mais elles sont aussi vie. Les idées *(rationes)* de ces choses existent, en effet, spirituellement dans la sagesse de Dieu, c'est à partir d'elles que les choses ont été faites par le Verbe lui-même, et ces idées sont vie. De même, le coffre fait par l'artisan, en lui-même ni ne vit ni n'est vie, mais l'idée du coffre, qui a précédé dans l'esprit de l'artisan, vit d'une certaine façon du fait qu'il a l'être intelligible dans l'esprit de l'artisan. Cependant, cette idée du coffre n'est pas vie parce que, chez l'artisan, l'acte de concevoir par soi-même n'est ni son essence ni son être. Tandis que, en Dieu, son acte de concevoir est sa vie et son essence. C'est pourquoi tout ce qui est en Dieu, non seulement vit, mais est la vie elle-même, parce que tout ce qui est en Dieu est son essence. En conséquence, la créature, en Dieu, est essence créatrice. Si donc les choses sont considérées selon ce qu'elles sont dans le Verbe, elles sont vie». Sur la différence entre le Verbe, Dieu subsistant, à la fois idée des choses et agissant, et l'idée de l'œuvre dans l'esprit de l'artisan, forme pure et principe d'action seulement, voir *C. Gent.*, IV, c. 13.

139. Cf. Augustin, *In Jo. ev. tract.*, I, c. 17. Voir aussi, ci-dessus, la note 138.

BIBLIOGRAPHIE

I. COLLECTIONS.

B.A. = *Bibliothèque augustinienne,* publiée sous la direction des Etudes augustiniennes. *Œuvres de saint Augustin,* Paris, Desclée de Brouwer, 1936 ss.

C.C.L. = *Corpus christianorum, Series latina,* Turnhout, Brepols, 1954 ss.

E.L. (Edition léonine) = *Sancti Thomae de Aquino opera omnia, jussu Leonis XIII P.M. edita,* Rome, Sainte-Sabine, 1888 ss.

P.G. = *Patrologiae cursus completus, Series graeca-latina,* éd. J.P. Migne, 167 vol., Paris , 1857-1866.

P.L. = *Patrologiae cursus completus, Series latina,* éd. J.P. Migne, 217 vol., Paris, 1844-1855.

S.C. = *Sources chrétiennes,* Paris, Cerf, 1942 ss.

II. ŒUVRES DE SAINT THOMAS.

Cat. aurea = *Catena aurea in quattuor evangelia,* éd. A. Guarienti, 2 vol., Turin-Rome, Marietti, 1953.

Comp. theol. = *Compendium theologiae, E.L.,* t. XLII *(Opuscula),* 1979, p. 75-205.

Contra err. Graec. = *Contra errores Graecorum, E.L.,* t. XL *(Opuscula),* 1969, p. A67-A105.

C. Gent. = *Summa contra Gentiles,* texte de *E.L.,* t. XIII-XV, introd. A. Gauthier, trad. R. Bernier, M. Corvez. L.J. Moreau, M.J. Gerlaud et F. Kerouanton, 4 vol., Paris, Lethielleux, 1951-1961.

De anima = *Quaestio disputata de anima,* éd. M. Calcaterra et T.S. Centi *(Quaestiones disputatae,* vol. 2), Turin-Rome, Marietti, 1949, p. 277-362.

De magistro = *Quaestio disputata XI de magistro, E.L.,* t. XXII *(Quaestiones disputatae de veritate),* vol. 2, fasc. 1, 1970, p. 347-363 ; Le Maître, trad. française B. Jollès, Paris, Vrin, 1983.

De pot. = *Quaestiones disputatae de potentia,* éd. P.M. Pession *(Quaestiones disputatae,* vol. 2), Turin-Rome, Marietti, 1949, p. 1-276.

De princ. nat. = *De principiis naturae ad frater Sylvestrum, E.L.*, t. XLIII *(Opuscula)*, 1976, p. 37-47. Le même opuscule a été édité par J.J. Pauson, Fribourg-Louvain, 1950.

De verbo = *Quaestio disputata IV de verbo, E.L.*, t. XXII *(Quaestiones disputatae de veritate)*, vol. 1, fasc. 2, 1970, p. 117-136. Pour les autres éditions du *De verbo*, voir, ci-dessous, celles du *De veritate*. Pour les traductions, voir, chez les auteurs modernes, d'une part R.W. Mulligan et coll., d'autre part E. Stein.

De verit. = *Quaestiones disputatae de veritate, E.L.*, t. XXII, 3 vol., 1970-1976; éd. Frommann-Holzboog *(Opera omnia, Indicis thomistici supplementum*, t. 3), 1980, p. 1-186. D'autres éditions ont, à l'occasion, été consultées: éd. de Parme *(Opera omnia*, t. IX), 1859, p. 5-458; éd. R. Spiazzi *(Quaestiones disputatae*, vol. 1), 8e éd., Turin-Rome, Marietti, 1949.

In Dion. de div. nom. = *In librum beati Dionysii de divinis nominibus expositio*, éd. C. Pera, Turin-Rome, Marietti, 1950.

In Metaph. = *In duodecim libros Metaphysicorum Aristotelis expositio*, éd. R. Spiazzi, Turin-Rome, Marietti, 1952.

In Post. Anal. = *In libros Posteriorum Analyticorum expositio, E.L.*, t. 1, 1882, p. 129-403.

Quodlib. = *Quaestiones quodlibetales*, éd. R. Spiazzi, 9e éd., Turin-Rome, Marietti, 1956.

S.th. = *Summa theologiae, E.L.*, t. IV-XII, 1888-1906. Trad. française: *Somme théologique*, éd. du Cerf, Paris-Tournai-Rome, Desclée et Cie, 1925-1971; *Somme théologique*, 4 vol., Paris, Cerf, 1984-1986.

Super Boet. de Trin. = *Super librum Boethii de Trinitate expositio*, éd. B. Decker, Leiden, Brill, 1955.

Super ev. Jo. = *Super evangelium S. Joannis lectura*, éd. Raphaël Cai, 5e éd., Turin-Rome, Marietti, 1952. *Commentaire sur l'évangile de saint Jean*, trad. française M.D. Philippe, 3 vol., Rimont, Les Amis de saint Jean, 1981-1987.

Super Heb. = *Super epistolam ad Hebraeos lectura*, dans *Super epistolas S. Pauli lectura*, éd. Raphaël Cai, 8e éd., 2 vol., Turin-Rome, Marietti, 1953; vol. 2, p. 335-506.

Super Sent. = *Scriptum super libros Sententiarum magistri Petri Lombardi*, éd. P. Mandonnet et M.F. Moos, 4 vol., Paris, Lethielleux, 1929-1947.

III. ŒUVRES D'AUTEURS ANCIENS.

ALBERT LE GRAND, *De Sacramentis*, in *Opera omnia*, t. XXVI, éd. D. Siedler et coll., Münster, Aschendorff, 1958.

— *Summa theol.* = *Summa theologiae,* in *Opera omnia,* t. XXXI-XXXII, éd. A. Borgnet, Paris, Vivès, 1895 ; l. I, p. 1, in *Opera omnia,* t. XXXIV, pars I, éd. D. Siedler et coll., Münster, Aschendorff, 1978.

— *Super Sent.* = *Scripta super IV libros Sententiarum,* in *Opera omnia,* t. XXV-XXIX, éd. A. Borgnet, Paris, Vivès, 1890-1899.

ALCUIN, *Grammatica, P. L.,* 101, col.849-902.

ALEXANDRE DE HALÈS, *Glossa in Sent.* = *Glossa in quattuor libros Sententiarum Petri Lombardi,* coll. Bibliothèque franciscaine scolastique du Moyen Age, t. XII-XV, Quaracchi, Collège Saint-Bonaventure, 1951-1957.

— *Quaestiones disputatae « antequam esset frater »,* coll. Bibliothèque scolastique du Moyen Age, t. XIX-XXI, Quaracchi, Collège Saint-Bonaventure, 1960.

— *Summa theol.* = *Summa theologica,* 4 vol., Quaracchi, Collège Saint-Bonaventure, 1924-1948.

ANSELME, *Monologion, Opera omnia,* t. I, éd. F.S. Schmitt, Edimbourg, Nelson et fils, 1945, p. 1-87 ; trad. française P. Rousseau *(Œuvres philosophiques de saint Anselme),* Paris, Aubier, 1947, p. 69-172 ; texte et trad. française M. Corbin *(L'œuvre de S. Anselme de Cantorbéry, t. 1),* Paris, Cerf, 1986, p. 21-205.

ARISTOTE (édition de référence: *Aristoteles graece, ex recensione I. Bekkeri, éd. Academia Regia Borussica,* 5 vol., Berlin, Reimer, 1831-1870).

— *Anal. post.* = *Organon, IV : Les Seconds Analytiques,* trad. française J. Tricot, nouvelle éd., Paris, Vrin, 1970.

— *Cat.* = *Organon, I : Catégories,* trad. française J. Tricot, Paris, Vrin, 1936. *Les Attributions (Catégories),* trad. française J. Pelletier, Montréal, Bellarmin ; Paris, Les Belles Lettres, 1983.

— *De anima* = *De l'âme,* trad. française J. Tricot, nouvelle éd., Paris, Vrin, 1934 ; texte et trad. française A. Jannone et E. Barbotin, Paris, Les Belles Lettres, 1966.

— *De interpr.* = *Organon, II : De l'interprétation,* trad. française J. Tricot, Paris, Vrin, 1936.

— *Eth. Nic.* = *Ethique à Nicomaque,* trad. française J. Tricot, 2e éd., Paris, Vrin, 1967 ; éd. et trad. française R.A. Gauthier et J.Y. Jolif, 3 vol., Louvain-Paris, Nauwelaerts, 1958-1959.

— *Metaph.* = *La Métaphysique,* trad. française J. Tricot, nouvelle éd., 2 vol., Paris, Vrin, 1974.

— *Phys.* = *Physique,* éd. et trad. française H. Carteron, 2 vol., Paris, Les Belles Lettres, 1926-1931.

— *Poet.* = *Poétique,* éd. et trad. française J. Hardy, Paris, Les Belles Lettres, 1932.

— *Top.* = *Organon, V : Les Topiques,* trad. française J. Tricot, 2 vol., Paris, Vrin, 1939 ; texte et trad. française des livres I-IV, J. Brunschwig, Paris, Les Belles Lettres, 1967.

ATHANASE, *Epist. ad Ser.* = *Epistolae ad Serapionem, P.G.*, 26, col. 525-676 ; *S.C.* (J. Lebon), vol. 15, Paris, Cerf, 1947.

AUGUSTIN, *Conf.* = *Confessionum libri XIII, P.L.*, 32, col. 659-868 ; *C.C.L.*, 27 ; *B.A.* (A. Solignac, E. Tréhorel et G. Bouissou), vol. 13-14, 1962.

— *De div. quaest. 83* = *De diversis quaestionibus 83, P.L.*, 40, col. 11-100 ; *C.C.L.*, 44A, p. 1-249 ; *B.A.* (G. Bardy, J.A. Beckaert et J. Boutet), vol. 10, 1952, p. 52-379.

— *De Gen. ad litt.* = *De Genesi ad litteram libri XII, P.L.*, 34, col. 245-486 ; *B.A.* (P. Agaësse et A. Solignac), vol. 48-49, 1972.

— *De magistro , De libero arbitrio, P.L.*, 32, col. 1193-1310 ; *C.C.L.*, 29, p. 139-321 ; *B.A.* (G. Madec), vol. 6, 1976.

— *De Trin.* = *De Trinitate libri XV, P.L.*, 42, col. 819-1098 ; *C.C.L.*, 50-50A ; *B.A.* (E. Hendrikx, M. Mellet, Th. Camelot, P. Agaësse et J. Moingt), vol. 15-16, 1955.

— *Enarr. in Ps.* = *Enarrationes in Psalmos, P.L.*, 36-37 ; *C.C.L.*, 38-39-40.

— *In Jo. ev. tract.* = *In Joannis evangelium tractatus CXXIV, P.L.*, 35, col. 1379-1976 ; *C.C.L.*, 36 ; *B.A.* (M.F. Berrouard), vol. 71 (1969), 72 (1977), 73A (1988), 73 B (1989).

AUGUSTIN (PSEUDO-), *Principia dialecticae, P.L.*, 32, col. 1410-142 ; texte et trad. française Péronne et coll. *(Œuvres complètes de saint Augustin,* t. IV), Paris, Vivès, 1873, p. 52-68.

AVERROÈS, *Metaph.* = *Grand commentaire de la Métaphysique d'Aristote,* trad. A. Martin, Paris, Les Belles Lettres, 1984.

BASILE, *Adv. Eun.* = *Adversus Eunomium, P.G.*, 29, col. 495-774 ; *S.C.* (B. Sesboüé, G.M. de Durand et L. Doutreleau), vol. 299 et 305, 1982-1983.

— *De Spir. sancto* = *Liber de Spiritu sancto, P.G.*, 32, col. 67-218 ; *S.C.* (B. Pruche), vol. 17bis, 1968.

BOÈCE, *De divis.* = *Liber de divisione, P.L.*, 64, col. 875-892.

— *De interpr.* = *In librum Aristotelis de interpretatione libri sex, editio secunda, P.L.*, 64, col. 393-640.

— *In cat. Arist.* = *In categorias Aristotelis libri quattuor, P.L.*, 64, col. 159-294.

BONAVENTURE, *Super Sent.* = *In quattuor libros Sententiarum expositio,* in *Opera omnia,* t. I-VI, éd. A.C. Peltier, Paris, Vivès, 1864-1866 ; *Commentaria in quattuor libros Sententiarum Magistri Petri Lombardi,* in *Opera omnia,* t. I-IV, Quaracchi, Collège Saint-Bonaventure, 1882-1889.

CYRILLE D'ALEXANDRIE, *Thesaurus = Thesaurus de sancta et consubstantiali Trinitate, P.G.*, 75, col. 9-656.

DENYS L'ARÉOPAGITE (PSEUDO-), *De div. nom. = De divinis nominibus, P.G.*, 3, col. 585-996; *Dionysiaca*, éd. Ph. Chevallier, vol. 1, Paris, Desclée de Brouwer, 1937, p. 3-561 ; *Les noms divins*, trad. française M. de Gandillac *(Œuvres complètes du Pseudo-Denys l'Aréopagite)*, nouvelle éd., Paris, Aubier, 1980, p. 67-184.

Glossa = Biblia sacra cum glossa ordinaria, 6 vol., Anvers, 1617-1634; *Glossa ordinaria, P.L.*, 113-114.

GRÉGOIRE DE CÉSARÉE, *Expositio fidei, P.G.*, 10, col. 985-986.

GRÉGOIRE DE NAZIANZE, *Orat. = Orationes, P.G.*, 35, col. 395-1252; *ibid.*, 36, col. 9-664.

GRÉGOIRE LE GRAND, *Moral. = Moralium libri XXXV sive Expositio in librum B. Job, P.L.*, 75, col. 509-1162 ; *ibid.*, 76, col. 9-782 ; *C.C.L.*, 143-143A-143B ; *S.C.* l. I-II (R. Gillet et A. de Gaudemaris), vol. 32, 1952; l. XI-XVI., (A. Bocognano), vol. 212 et 221, 1974-1975.

GUILLAUME D'AUXERRE, *Summa aurea*, éd. J. Ribaillier, coll. *Spicilegium Bonaventurianum*, n. 16 à 20, Paris, C.N.R.S. ; Rome, Collège Saint-Bonaventure, 1980-1987.

HILAIRE DE POITIERS, *De Trin. = De Trinitate libri XII, P.L.*, 10, col. 25-472 ; *C.C.L.*, 62-62A ; *La Trinité*, trad. française A. Martin et L. Brésard, 3 vol., Paris, Desclée de Brouwer, 1981.

ISIDORE DE SÉVILLE, *Etymol. = Etymologiarum libri XX, P.L.*, 82, col. 73-728 ; éd. W.M. Lindsay, Oxford, Clarendon Press, 1911.

JEAN CHRYSOSTOME, *In epist. ad Heb. = In epistolam ad Hebraeos, P.G.*, 63, col. 9-236.

JEAN DAMASCÈNE, *De fide orthodoxa, P.G.*, 94, col. 789-1228. *De fide orthodoxa*, versions of Burgundio and Cerbanus, éd. E.M. Buytaert, Saint-Bonaventure (N.Y.), The Franciscan Institute Publications; Louvain, E. Nauwelaerts ; Paderborn, F. Schöningh, 1955. *La foi orthodoxe*, trad. française E. Ponsoye, Saint-Denis, Institut français orthodoxe de Théologie de Paris, 1966.

— *De imag. = In tres orationes pro sacris imaginibus, P.G.*, 94, col. 1227-1420.

Libellus ou *Liber de fide Trinitatis, E.L.*, t. XL, 1969, p. A107-A151.

NÉMÉSIUS D'ÉMÈSE, *De natura hominis, P.G.*, 40, col. 503-818.

PIERRE LOMBARD, *Sent. = Sententiarum libri quattuor, P.L.*, 192, col. 519-962 ; *Sententiae in IV libris distinctae*, coll. *Spicilegium Bonaventurianum* n. 4 et 5, Grottaferrata, Collège Saint-Bonaventure, 1971-1981.

— *Coll. in epist. Pauli = Collectanea in omnes D. Pauli Apostoli epistolas, P.L.*, 191, col. 1297-1696 ; 192, col. 9-520.

— *Comm. in Ps.* = *In Psalmos davidicos commentarii, P.L.*, 191, col. 55-1296.

PLATON, *Cratyle,* dans *Œuvres complètes,* t. V, 2e partie, éd. et trad. française L. Méridier, Paris, Les Belles Lettres, 1931.

— *Parménide,* dans *Œuvres complètes,* t. II, trad. française L. Robin, Bibliothèque de la Pléiade n. 64, Paris, Gallimard, 1955, p. 193-255.

— *Phédon,* dans *Œuvres complètes,* t. IV(1), éd. et trad. française L. Robin, 5e éd., Paris, Les Belles Lettres, 1952.

— *Soph.* = *Le Sophiste,* dans *Œuvres complètes,* t. VIII. 3e partie, éd. et trad. française A. Diès, Paris, Les Belles Lettres, 1925.

— *Timée,* dans *Œuvres complètes,* t. X, éd. et trad. française A. Rivaud, Paris, Les Belles Lettres, 1925.

PRISCIEN, *Inst. Gramm.* = *Institutionum Grammaticarum libri XVIII ex recensione M.Hertzii,* dans *Grammatici latini,* éd. H. Keil, t. II-III, Hildesheim, Georg Olms, 1961 (réimpression de l'édition de Leipzig, 1855).

RICHARD DE SAINT-VICTOR, *De Trin.* = *De Trinitate libri VI, P.L.*, 196, col. 887-992 ; éd. J. Ribaillier, Paris, Vrin, 1958 ; *S.C.* (G. Salet), vol. 63, 1959.

Summa Sent. = *Summa Sententiarum, P.L.*, 176, col. 41-174.

VIGILE DE THAPSE, *Contra Arianos, Sabellianos, et Photinianos dialogus, Athanasio, Sabellio, Ario, Photino et Probo judice interlocutoribus, P.L.*, 62, col. 179-238.

IV. ŒUVRES D'AUTEURS MODERNES

BATAILLON L.J., *Les conditions de travail des maîtres de l'Université de Paris au XIIIe siècle,* Revue des Sciences philosophiques et théologiques, 67 (1983) 417-433.

BAZÀN B.C., WIPPEL J.W., FRANSEN G. et JACQUART D., *Les questions disputées et les questions quodlibétiques dans les facultés de Théologie, de Droit et de Médecine,* coll. Typologie des sources du moyen âge occidental n. 44-45, Turnhout, Brépols, 1985.

CHÊNEVERT J., *Le verbum dans le Commentaire sur les Sentences de saint Thomas d'Aquin,* Sciences ecclésiastiques, 13 (1961) 191-223, 359-390.

CHENU M.D., *Introduction à l'étude de saint Thomas d'Aquin,* 3e éd., Montréal-Paris, Vrin, 1974.

— *Notes de lexicographie philosophique médiévale,* Revue des Sciences philosophiques et théologiques, 16 (1927) 435-446.

COTTIER G.M.M., *Intellectus et ratio,* Revue thomiste, 88 (1988) 215-228.

DEFERRARI R. et BARRY M.I., *A Lexicon of St. Thomas Aquinas,* Baltimore (Md), The John D. Lucas Printing Co, 1948-1949.

DEMERS G.E., *Les divers sens du mot 'ratio' au moyen âge*, dans *Etudes d'histoire littéraire et doctrinale du XIIIe siècle*, Paris, Vrin ; Ottawa, Institut d'Etudes Médiévales, 1932, p. 105-139.

DENZIGER-SCHÖNMETZER, *Enchiridion symbolorum definitionum et declarationum de rebus fidei et morum*, 32e éd., Herder, 1963.

DONDAINE A., *Secrétaires de saint Thomas*, 2 vol., Rome, Commission léonine, 1956.

— *Quaestiones disputatae de veritate*, *E.L.*, t. XXII, vol. 1, fasc. 1, 1975.

DOUCET V., *Prolegomena*, dans Alexandre de Halès, *Summa theologica*, t. IV, Quaracchi, Collège Saint-Bonaventure, 1948, p. XIII-CCCXCVIII.

ENGELBERT P., *De veritate und die Sekretäre des Thomas von Aquin. Chronik einer Edition*, Theologie und Philosophie, 55 (1980) 78-100.

GILSON É., *La philosophie au moyen âge*, Petite bibliothèque Payot, n. 274 et 275, 1976.

— *Le thomisme. Introduction à la philosophie de saint Thomas*, 6e éd. revue, Paris, Vrin, 1962.

— *Index scolastico-cartésien*, 2e éd. revue et augmentée, Paris, Vrin, 1979.

GLORIEUX P., *L'Enseignement au Moyen Age. Techniques et méthodes en usage à la Faculté de Théologie de Paris au XIIIe siècle*, Archives d'Histoire doctrinale et littéraire du Moyen Age, 35 (1968) 65-186.

Index Thomisticus = Sancti Thomae Aquinatis Operum omnium Indices et Concordantiae, éd. R. Busa, Stuttgart, Frommann-Holzboog, 1974-1980.

IZQUIERDO C., *La Teologia del Verbo en la «Summa contra Gentiles»*, Scripta theologica, 14 (1982) 551-580.

LISKE M.T., *Die sprachliche Richtigkeit bei Thomas von Aquin*, Freiburger Zeitschrift für Philosophie und Theologie, 32 (1985) 373-390.

LONERGAN B., *La notion de verbe dans les écrits de saint Thomas d'Aquin*, Paris, Beauchesne, 1966.

MANDONNET P., *S. Thomae Aquinitatis Quaestiones disputatae*, Paris, Lethielleux, 1926.

MULLIGAN R.W, Mc GLYNN J.V. et SCHMIDT R.W., *St. Thomas Aquinas, Truth*, 3 vol., Chicago, Henry Regnery Company, 1952-1954.

PAISSAC H., *Théologie du Verbe. Saint Augustin et saint Thomas*, Paris, Cerf, 1951.

PÉGHAIRE J., *Intellectus et ratio selon S. Thomas d'Aquin*, Ottawa, Institut d'Etudes médiévales, Paris, Vrin, 1936.

PENIDO M.T.L., *Gloses sur la procession d'amour dans la Trinité*, Ephemerides theologicae lovanienses, 14 (1937) 33-68.

RABEAU G., *Species-Verbum. L'activité intellectuelle élémentaire selon saint Thomas d'Aquin,* Bibliothèque thomiste n. 22, Paris, Vrin, 1938.

ROBILLIARD J.A., Compte rendu de l'article de M.T.L. Penido, Bulletin thomiste, 5 (1937-1939) 135-139, n. 185.

ROBIN L., *La théorie platonicienne des Idées et des Nombres d'après Aristote,* Paris, Félix Alcan, 1908.

RUELLO F., *La christologie de Thomas d'Aquin,* coll. Théologie historique n. 76, Paris, Beauchesne, 1987.

SCHÜTZ L., *Thomas-Lexicon,* 2e éd., Paderborn, 1895. Réimpression, Stuttgart, Fr. Frommanns Verlag-Günther Holzboog, 1958.

SIEDLER D. et SIMON P., *Prolegomena,* dans Albert le Grand, *Opera omnia,* t. XXXIV, *pars* I, Münster, Aschendorff, 1978, p. V-XXVI.

SIMONIN H.D., *La notion d'« intentio » dans l'œuvre de S. Thomas d'Aquin,* Revue des Sciences philosophiques et théologiques, 19 (1930) 445-463.

STEIN E., *Des Hl. Thomas von Aquino Untersuchungen über die Wahrheit (Quaestiones disputatae de veritate),* 2 vol. : Breslau, Otto Bormeyer, 1931 ; Louvain, E.Nauwelaerts ; Fribourg, Herder, 1955.

VAISSIÈRE J. de la, *Le sens du mot 'verbe mental' dans les écrits de saint Thomas,* Archives de Philosophie, 3 n. 2 (1925) 168-175.

VAN STEENBERGHEN F., *La philosophie au XIIIe siècle,* coll. Philosophes médiévaux n. 9, Louvain, Publications universitaires ; Paris, Béatrice-Nauwelaerts, 1966.

WALZ A., *Saint Thomas d'Aquin,* adaptation française par Paul Novarina, coll. Philosophes médiévaux n. 5, Louvain, Publications universitaires ; Paris, Béatrice-Nauwelaerts, 1962.

WÉBER E.H., *Le Christ selon saint Thomas d'Aquin,* coll. Jésus et Jésus-Christ n. 35, Paris, Desclée, 1988.

ZIMMERMANN A., *Bemerkungen zu Thomas von Aquin, Quaest. disp. de veritate I,* dans A. Zimmermann, *Studien zur mittelalterlichen Geistesgeschichte und ihren Quellen,* coll. Miscellanea Mediaevalia n. 15, Berlin-New York, Walter de Gruyter, 1982, p. 247-261.

INDEX DE VOCABULAIRE

Mots et expressions présents dans la traduction du texte du *De verbo* et donnant lieu à une explication dans certaines notes.

INDEX SCRIPTURAIRE

Lorsqu'un passage biblique est cité seulement dans une note et non dans le texte du *De verbo*, la référence au texte de saint Thomas est mise entre parenthèses dans la colonne correspondante.

INDEX DES OUVRAGES DE THOMAS D'AQUIN

Les références données ici, à quelques exceptions près signalées par un astérisque, ne sont pas présentes dans le texte du *De verbo*, mais seulement dans les notes jointes à la traduction.

INDEX DES ŒUVRES DES AUTEURS ANCIENS

Lorsqu'un auteur est cité seulement dans une note et non dans le texte de saint Thomas, la référence au *De verbo* est mise entre parenthèses dans la colonne correspondante.

TABLE DES MATIÈRES

ACHEVÉ D'IMPRIMER
EN SEPTEMBRE 1992
PAR L'IMPRIMERIE
DE LA MANUTENTION
A MAYENNE
N° 266-92